JN254437

つるバラとクレマチスをメインに使った

つるで楽しむ素敵な庭

村上 敏（京成バラ園芸）／及川洋磨（及川フラグリーン）／若林芳樹（造園植物研究家）

講談社編

講談社

はじめに

　庭をつくるうえで「つる植物」の存在は欠かせません。アーチやパーゴラなどの構造物にからめたり、フェンスに沿わせて垣根に仕立てたり、狭い場所ではオベリスクやポール仕立てにするなど、さまざまな仕立て方で楽しまれています。とくに近年は、家の外壁にバラを誘引する仕組みが開発され、花に覆われたバラの館を見ることが多くなりました。このように「つる植物」をうまく使うと、庭をよりいっそう素敵にすることができるのです。

　本書では、つるバラやクレマチスを中心とする「つる植物」の使い方と栽培の仕方をわかりやすく解説しました。これから庭づくりを考える方、今ある庭をグレードアップしたいと考える方に参考としていただければ幸いです。

Wonderful Gardens

with Vines

つるバラとクレマチスをメインに使った

つるで楽しむ素敵な庭　目次

モッコウバラ八重白

ハゴロモジャスミン

ナツヅタ

植栽ゾーンマップ

植栽ゾーンマップの見方
図鑑データのA〜Eは、最低気温の月平均値データに基づいた植物耐寒ゾーン（植物が寒さに対して露地栽培可能なゾーン）であり、その植物を育てられるおおよその地域を表す。

ゾーン	温度
A	寒冷地
	-17.8℃
B	冷涼地
	-12.2℃
C	平暖地
	-6.7℃
D	温暖地
	+1.7℃
E	暖地

Part1

つるのある素敵な庭

上のつるバラはサイレンス イズ ゴールデン、
下のクレマチスはジェニー

つるバラで外壁を飾る

　つるバラは「つる」といっても、ほかのつる植物のように木の幹や枝にからみついたり、這い登ったりすることはなく、枝をまっすぐ長く伸ばすだけです。したがって、花をどのように咲かせたいか考えて誘引しなければなりません。

　家の外壁一面に這わすような大規模な作業は、専門家の仕事になりますが、簡単なアーチやトレリスやオベリスクなどであれば、自分で楽しみながら作業できます。これから紹介する楽しみ方に興味を持ったら、Part2の「おすすめのつるバラ図鑑」（32ページ）をご覧ください。用途に合った品種を選ぶことができます。

右上：石材調の格調ある外壁にピンクとアプリコット、白い花が優美な色の流れをつくって咲き誇る。品種により開花期が違うので、選ぶ際は専門家のアドバイスが必要。
下：庭へと続く小路にアプリコット色のバフ ビューティーが花のトンネルをつくる。

左：庭ではバラに少し遅れてクレマチスやアジサイが咲き始める。
右：デザインの中心である窓のまわりはつるバラに覆われ、室内からも満開の花を存分に楽しむことができる。

つるバラのアーチ

　庭の出入り口やスペースの仕切りに最適で、満開の花をくぐる気分は最高ですが、花枝が短めのもの、刺が少ないものを選ぶことがポイント。家庭用の小さなアーチであれば、四季咲きのシュラブかショートクライマーが適しています。どうしてもつるが長いバラを使いたいときは、フェンスを経由してからアーチにからめます。

左：アーチの両脚をトレリスとつなげると安定感がある。通路には枕木を使い、落ち着いた色調の陶器のつぼなどと統一感を出す。バラは赤一重の中輪品種ドルトムント。
下：色とりどりの見ごたえのある大型アーチの連続。港の見える丘公園（横浜市）。
右ページ：バラ愛好家のお宅の玄関。アーチの手前にはアリウムやオルレア、リナムなど初夏の花が咲き競う。品種は淡いピンクのピエール ドゥ ロンサールと濃いピンクのガートルード ジキル。

つるバラで楽しむパーゴラ

　庭や軒先でティータイムを楽しんだり、お客さまを
もてなすテラスを日差しから守るパーゴラ。イタリア
語でブドウ棚を意味しますが、ここでは花枝が細くて
ぶら下がって咲くような、つるバラが活躍します。花
色や花形の違う品種を組み合わせて、アーチやトレリ
スなどとつなぐと、よりいっそう自然でおしゃれな立
体的な空間をつくり出します。

上：周辺の緑に囲まれたパーゴラ。足元のオルレアとシナワス
レナグサの茂みからジギタリスの花穂が伸びて風に揺らぐ。品
種は左の白花はつる アイスバーグ、中央の淡いピンクはポール
ス ヒマラヤン ムスク、右の赤紫小輪はヴァイオレット。
右：白で統一したパーゴラ。柱にからんだつるバラの自然な枝
ぶりに心が癒される。品種はアルバ メイディランド。

つるバラで覆うフェンス

　家のフェンス一面に花が咲くのを見るのは、家の人にとっては誇らしく、道行く人にとっても楽しいものです。成功のポイントは品種選び。つるを横に長く誘引できるランブラー系が適しています。フェンスの材質や高さ、格子の幅によっても、品種によっても向き不向きがあります。

　歩いていて気に入った花のフェンスがあったら、家の人に品種を教えてもらうといいでしょう。

上：道路から玄関までのアプローチで格子状フェンスにつるを伸ばすナニワイバラ。白い花弁と金色のしべの組み合わせが美しい。
右上：金網のフェンスに盛り上がって花を咲かせる黄色いモッコウバラ。丈夫で刺もなく扱いやすい。
右下：コンクリート造のフェンスの端から玄関の門柱まで、ピンクのつるバラ、アンジェラが優美に飾る。

つるバラのポールと
オベリスク仕立て

　空に向かって伸びるバラの塔はダイナミックで花が咲くと見ごたえ抜群です。柱を立てて枝を巻きつけるのがポール仕立て。オベリスクは細長い行灯型で、先の尖ったピラミッドタイプと四角いポストタイプがあり、一般家庭用なら高さ2m前後から鉢植えで楽しめる小型のものもあります。注目したいのは花枝。長いものほど、ポール仕立てのほうがスリムに仕上がります。いずれも日当たりがよければ、狭いスペースでつるバラを存分に楽しむことができます。

左：ポール仕立ては伸びるにつれて野趣あふれる姿になる。品種はレイニー ブルー。
下左：オベリスクに仕立てるとポールよりもボリュームがある。品種はハルカゼ（春風）。
下右：家庭用のオベリスク。天辺まで枝を伸ばさないのがポイント。品種はつる ピンク サマースノー。
右ページ：ポール仕立て2品種。左の赤い花はマグネティック アイズ、右のピンク花はフランボワーズ バニーユ。京成バラ園で。

クレマチスでフェンスを飾る

　クレマチスのつるはバラのように強く伸びませんが、柔らかいのでどんな形にでも仕立てることができ、バラのような刺がないので扱いやすいのが特徴。つるバラのような大きな植栽はつくれませんが、反対に狭い場所でも手軽に楽しめるという長所があります。

　メインの花期が晩春から初夏とバラと重なるので、組み合わせて植えられることも多くなりました。さらにバラ同様、さまざまな系統と品種があるので、クレマチス同士で組み合わせても面白いでしょう。フェンスに誘引するのにバラほど手間はかかりません。これから紹介する楽しみ方に興味を持ったら、Part2の「おすすめのクレマチス図鑑」（42ページ）をご覧ください。用途に合った品種を選ぶことができます。

右：ピンクと赤のつるバラで家の壁面を飾り、テッセンがフェンスからアーチにかけて緩やかな流れをつくる。アーチの脚を覆うのはハゴロモジャスミン。
下：淡い藤色花のプリンス チャールズと淡いピンク花のつるバラ、ガラシャ（伽羅奢）の涼し気な組み合わせ。

左：ベランダのフェンスを飾るクレマチス。花色や
花期が異なる品種を植えて花を楽しむ。
右：芳香種のモンタナのつるを上から垂らしたフェ
ンス。近くに寄ると心地よい甘い香りがする。前
年に伸びた枝に花芽がつく旧枝咲きなので、強い
剪定はしないこと。

上：金網のフェンスに淡い黄緑色の花のペパーミントをメインに配した。花は咲くにつれて白くなる。左の赤い品種はプリンセス ダイアナ。

下：竹穂垣の前に格子枠を立てた飾りフェンス。品種は早咲き大輪系のマンシュウキ（満州黄）。

右：張り渡したネットにつるをからませたフェンス。つるの伸びる自然な様子を見ることができる。

クレマチスのオベリスク仕立てと鉢植え

　フェンスやアーチにからませるだけでなく、クレマチスを地植えする方法にオベリスク仕立てがあります。大きなものは高さ2m前後あるのでよく目立ち、庭に立体的な変化をつけることができます。小さなものなら狭いスペースで利用できますが、なるべく日当たりよいことが条件です。鉢植えやコンテナなら移動が自由で便利ですが、つるが長く伸びない品種を選ぶこと。

上左：庭用の高さ2m前後の大型オベリスクには2～3品種を植えて、高低をつけて咲かせるようにつるを配置する。株元に草花を植えるなら株から少し離すこと。株元の青花はアフロディーテ エレガフミナ、上の鐘型花はホーゲルビー ピンク。
上右：白いつるバラのアルバ メイディランドが咲いたベランダに赤紫花クレマチスのシシマル（紫子丸）を組み合わせる。鉢植えならではの楽しみ方。
右：野趣あふれる枯れ枝や竹製の手づくりオベリスク。品種はホーン オブ プレンティー、黄色い花はヘメロカリス。

クレマチスで楽しむアーチとパーゴラ

　頭上から垂れ下がる満開の花房。花好きならだれもが自分の庭につくりたいと憧れる光景です。クレマチスは刺がないうえ枝が柔らかいので、つるバラよりもアーチに向きますが、ポイントは品種の選び方にあります。上部にはつるのよく伸びる生育旺盛な品種を選び、下部にはつるがあまり伸びない品種を選びます。

　つるバラと組み合わせるときは、両方に日が当たるよう剪定に注意すること。

上：赤レンガの落ち着いた雰囲気に、同じ色調のベンチと花色の品種エトワール バイオレットが調和して、淡いピンクのつるバラ、ポールス ヒマラヤン ムスクが変化をつける。
左：コンクリートの柱の上で格調高く咲くクレマチス・アーマンディー。白い花はかぐわしい芳香を放つ。
右ページ：花盛りのムード満点のアーチ。ピンクのバラのバレリーナの枝にからまった赤味がかる淡い紫花のクレマチス、カール。2つの花のピークがピッタリ合った。

つるバラとクレマチス以外にもつる（または長く伸びる枝）を楽しむ植物はたくさんあります。フェンスや外壁、アーチなどに這わせたり垂らしたりするほか、庭やテラスや玄関、ベランダで鉢やコンテナ植えでも、さまざまに工夫、演出されて植栽に変化をつけています。

ここでは使い方別に例を紹介しました。使う目的に適した植物を選ぶ参考にしてください。→は図鑑ページ。

つるの垂れ下がる姿を楽しむ1

ウンナンオウバイ（右）長く伸びて垂れ下がった枝の節に八重や半八重の黄花が咲く。ジャスミンの仲間だが香りはない。4月下旬→ P57
アケビ（下）5枚の葉が掌状についたつるを伸ばして樹木などにからみつく。アーチや棚仕立てにも。5月上旬→ P55
ウキツリボク（下右）釣り竿のような枝先に黄色い花冠の出た赤花が吊り下がる。春から秋まで長く咲く。6月上旬→ P56

ルリマツリ（上）細い枝をむちのように伸ばし、先に瑠璃色の小花を手毬状に咲かせる。6月中旬→ P79

ノウゼンカズラ（右）夏じゅう咲き続ける橙色花。アーチやパーゴラ、ポール仕立てにも利用される。6月下旬→ P69

ロニセラ・ヘックロッティ（下）欧米でハニーサックルと呼ばれるスイカズラの仲間。生育が旺盛でフェンスやアーチにも利用できる。5月中旬→ P63 スイカズラ

ローズマリー（下右）葉や枝に芳しい香りがあるハーブ。つるを楽しむなら這い性のものを用いる。10月中旬→ P79

つるの垂れ下がる姿を楽しむ2

ナツユキカズラ（上）タデの仲間で真夏に白い花がいっせいに咲くと名前のように雪が降ったよう。7月上旬→P68

ミヤギノハギ（上右）細長い枝が1～2mに立ち上がって枝垂れる。白花もある。白い実はシロシキブ。10月上旬→P77

コトネアスター（下）和名ベニシタン。中国原産の低木で細い枝が長く枝垂れ、秋に赤い実がなる。11月上旬→P60

ヘデラ・ヘリックス（下右）通称アイビー、セイヨウキヅタ。葉の丸いものや尖ったもの、白や黄斑入りなど多くの品種がある。白い葉はシロタエギク。7月上旬→P76

フェンスを飾る 1

ハゴロモジャスミン（上）近寄ると花の甘い香りが漂う。丈夫で生育は旺盛。アーチや壁面にも。5月上旬→P71
ブーゲンビレア（下）熱帯花木だが寒さに強い品種なら東京でも越冬する。つるの刺で這い登る。6月上旬→P72
ツルハナナス（右）細い枝先に花房がついて重たそうに垂れ下がる。花色は白と紫がある。6月上旬→P65

フェンスを飾る2

スイカズラ（上）初夏に咲く花は香りがあり、咲き始めは白く咲き進むにつれ黄色く変化する。6月上旬→P63

ミヤマタタビ（左）マタタビの仲間でつるをよく伸ばし、上部の葉は紅色を帯びる。7月上旬→P77 マタタビ

ハツユキカズラ（下）テイカカズラの仲間の白斑入り品種。狭い場所でもよく繁茂する。3月中旬→P66 テイカカズラ

壁面を這い広がる

テイカカズラ（上）忍者のように地面を這ったり、木にからみついてあっという間に覆ってしまう。紐を張って家の壁に誘引する。花に芳香がある。5月下旬→P66

ロニセラ'ヘックロッティ'（上右）つるで這い上がり、外側が紫紅で内側が黄い花を咲かせる。5月下旬→P63 スイカズラ

ナツヅタ（下）つるの先にある吸盤でどんな急な壁でも平気で登る。秋に見事に紅葉する。7月上旬→P67

ブドウ（下右）畑では棚栽培されるが、アーチでもフェンスでも、誘引すれば壁面も利用できる。7月下旬→P74

アーチやパーゴラ、棚仕立てで楽しむ

ノウゼンカズラ（左ページ）中国原産で巻きつるや吸着根で這い上がる。下の青い花はアガパンサス、紫の花はエキナセア。7月上旬→P69

ムベ（上）常緑の掌状複葉でアーチやフェンスに利用される。実はアケビに似るが割れない。4月上旬→P78

フジ（上右）日本のつる植物の代表で、棚仕立てにされることが多い。花は芳香があり色は紫と白がある。4月下旬→P73

スイカズラ（下）つるの生長が早いので緑化植物として有望。アーチで花のトンネルが楽しめる。5月中旬→P63

カロライナジャスミン（下右）ジャスミンの仲間ではなく花の香りは弱い。つるは巻きついて登る。4月中旬→P58

ポールや木に登らせて楽しむ

テイカカズラ（上）生育旺盛でつるから吸着根を出したり、からみついたりしてポールを覆いつくした。5月上旬→P66
ハーデンベルギア（上右）マメ科特有の蝶形花の花房をつける。花色は紫とピンクと白がある。4月下旬→P70
オオイタビ（下）アオハダの根元に植えたら吸着根で幹によじ登った。グラウンドカバーとしても利用。5月下旬→P57
ツルアジサイ（下右）スダジイの幹にからみついて花を咲かせた。野趣あふれる姿。5月中旬→P64

Part2

つるバラ&クレマチス図鑑

つるバラのローブリッターとパステルブルーの
クレマチス、プリンス チャールズ

おすすめのつるバラ図鑑

村上 敏（京成バラ園芸）

バラは多数の品種があって色も形も変化に富む。
上は優しいピンク八重咲きの人気品種つる ヒストリー。

つるバラと仲よく暮らすために

　つるバラとはその名のとおり長い枝が伸びるバラです。多くのつる植物は自らからまりついて這い上がる性質なのに対し、バラはまっすぐ伸びるだけでからみつきません。そのため育てる人が花の咲く姿を想像しながら、長い枝を配って固定し、仕立てます。

　豪華なバラ、可愛いバラ、清楚なバラ…、園芸雑誌やSNS、カタログや図鑑などを見ながら自分の好みのバラが庭で咲く姿を思い浮かべるのはとても楽しく幸せなひとときです。花壇用のバラであれば気難しいものもありますから、手入れのし甲斐のある自分好みの花でないと栽培は長続きしません。しかしつるバラの多くはとても丈夫で長生きします。長生きするからこそ使い方に合わせたバラ選びがとても重要になるのです。育て始めて3年目まではどのような仕立てでも応えてくれるでしょう。しかし5年を過ぎた頃からどうにもならなくなるケースが多いのです。つるバラだけは将来どんな姿になるのかわかって使ったほうが手間なく、長い年月にわたって庭を輝かせてくれることでしょう。

　バラを選ぶ際に注意したいことが3点あります。ひとつ目は、花の咲き方。いっせいに1〜2週間咲いた後は一切咲くことのない「一回咲き」のバラと、たくさん咲いた後ぽつぽつと咲き続く「四季咲き・返り咲き」のバラでは全く性質が違います。ふたつ目は、枝の硬さ。「つる○○○」と呼ばれるものが典型的ですが、花壇用のガッチリ立ち上がるバラが枝変わりでつる化した品種は、硬く曲げにくいものがほとんどです。品種によって曲げやすいもの、曲げにくいものとに分かれるということです。3つ目がつるの長さ、ランブラーと呼ばれるものは細く長いつるが生えますし、シュラブと呼ばれるものは短めです。これら3つの性質を仕立てによって使い分けることが、つるバラと仲よく長くつき合うコツといえるでしょう。

　ほかにも枝の寿命の長さ、ベーサルシュート（株元から出る新しい枝）の生えやすさ、古い枝が木化してさらに先に長く伸びるバラかどうか…などチェックできると、さらに間違いありません。近くのバラ園で、花だけではなく、木の性質も見るようにするとよいでしょう。

■データの読み方（関東地方を標準）
「一回咲き」は1年に一回（おもに春）咲くもの。「四季咲き」は適温であれば1年中咲くもの。A〜Eは植栽可能地域（6ページ参照）を表す。ただし、北国では咲いてもつるにならないエリアは（　）で区分けした。そのあとは開花時期。花の直径、1年に伸びるつるの長さ。
ADR認証品種＝耐寒性、対病虫害性、くり返し咲き性に優れたバラに与えられる。

　※つるバラ栽培の情報は82ページ。

広くても狭くても融通の利くランブラー

冬を越した充実した若くて節間のつまった部分に花芽があらかじめできるタイプで一回咲き。2階建ての建物を覆うほどの景色もつくれます。小さく仕立てるなら9月上旬までにこまめに長い枝を切り戻して細い枝を増やし、太くて納まらない長大な若いつるは生え際から切り落とします。

モッコウバラ黄八重（木香薔薇）
Rosa banksiae Lutea

- 一回咲き ● C～D ● 4月末
- 約3cm ● 2～3m

基本種が白花一重なので、黄色八重は園芸化の進んだバラ。香りはほとんどなく、花枝が極端に短い。完全な刺なしで葉裏の刺さえない。非常に丈夫で放任すると年月はかかるが家一軒覆うほどの大きさになる。庭植えなら無農薬無肥料が可能。

モッコウバラ 白八重（木香薔薇）
Rosa banksiae Alba

- 一回咲き ● C～D ● 4月末
- 約3cm ● 2～3m

梅のようなさわやかな香りがある。八重になったぶん花持ちはよい。刺はまれに発生するが、ほぼない。木の性質は黄八重と同じ。細い枝にも花をつけるので細かな枝を大切にすること。庭植えなら無農薬無肥料が可能。

ポールス ヒマラヤン ムスク
Paul's Himalayan Musk

- 一回咲き ● A～D ● 5月中旬
- 約3cm ● 2～3m

小花が大きな房となって咲く。桜色に霞むように咲く姿は圧巻だが、香りは弱い。細い枝に鋭い刺がたくさんあるので、誘引作業中にからみつかれると厄介な反面、咲いたときの喜びはひとしお。庭植えなら無農薬無肥料が可能。

フランソワ ジュランビル
François Juranville

- 一回咲き ● A～D ● 5月中旬
- 5～6cm ● 2～4m

香りのよい中輪の花が細い枝先に垂れ下がるように咲く姿はいじらしい。目線より高い所で咲かせたい。細長いつるが長く伸びる。テリハノイバラの特徴をよく引き継ぎ、垂れ下がった枝も伸び続ける。刺は少ないほう。庭植えなら無農薬無肥料が可能。

ナニワイバラ （難波茨）
Rosa laevigata

- 一回咲き ● C～D ● 4月末
- 7～10cm ● 2～3m

香りのよい見事な大輪の花。一輪の寿命は数日だが、満開時は息をのむ美しさ。常緑で濃くピカピカ光沢のある葉は花を引き立たせる。庭植えでは巨大な株となる。庭植えなら無農薬無肥料が可能。刺が強固で枝から外れにくい。

比較的大きな
構造物向き

高さ2m幅3mほどの『平面』向き（家の壁面、高い塀、駐車場の屋根、間口2mほどのアーチ）壮大な景色向き。

つるは長く伸び、花も大きくて見ごたえがあるが、枝は硬くて曲げにくいので、おおらかな誘引に向く（極寒地ではつるにならないものがある）。一回咲きを除き、つるを短く冬に切り戻しても咲く。

ピエール ドゥ ロンサール
Pierre de Ronsard

- 返り咲き ●（B）C～E ●5月中旬
- 10～12cm ●2～3m

見ごたえのある大きな花。深いカップ咲きで、しべが見えにくい。花の香りは弱いが長持ちする。若木のうちは細めのつるなので曲げやすいが、だんだん太くて硬くなるので、細かな誘引には向かない。寒冷地では花壇用。庭植えなら無農薬無肥料が可能。

ブラン ピエール ドゥ ロンサール
Blanc Pierre de Ronsard

- 返り咲き ●（B）C～E ●5月中旬
- 10～12cm ●2～3m

ピエール ドゥ ロンサールの枝変わりで、花の色が薄いタイプ。両品種とも気温が低いほどピンク色が冴え、木の性質は変わらない。つるから伸びる花枝が短めなので、仕立てると締まって美しい姿になる。調子がいい株ほど秋は咲かない。

つる ヒストリー
Cl. History

- 一回咲き ●B～D ●5月中旬
- 10～12cm ●2～3m

香りはないがコロンと大きな花は雨風に強く、かつ寿命が非常に長いので、長い間楽しめる。木が硬く、株の調子がよくなると太く硬い長いつるが伸びてくる。花枝は長めで上を向いて咲くので、少し離れて観賞するとよい。

フロレンティーナ
Florentina

- 返り咲き ●A～E ●5月中旬
- 7～9cm ●2～2.5m

観賞期間がとても長い大きめの花が房で咲き、微香。放任でもよく育ち、よく咲く。花枝が長めなので、通路から1mほど離して誘引してあると観賞しやすい。まっすぐ立ててポールに誘引してもよく咲く。秋の花は少なめ。ADR認証品種。

スマイリー フェイス
Cl. Smiley Face

- 返り咲き ●B～E ●5月中旬
- 約10cm ●2～3m

大輪で存在感がありながらも一重のような咲き方なので軽やか。自然風のテイストに合う。従来の黄色バラとは違って手がかからない。花枝は長めなので通路から1mほど離して誘引すると観賞しやすい。夏まで返り咲き、秋の花は少なめ。

高さ2m程度の
アーチ・オベリスク
・ポール向き

株元から新しい枝が出やすく、伸びすぎず、四季咲き性。壮大な景色はつくれないが、都会サイズで汎用性が高い。冬につるを短く切っても咲く。花つきがよいものは栄養を蓄えにくく、つるの枝が出にくいので、つぼみを減らしてつるを出しやすくする。

スーリール ドゥ モナリザ
Sourire de Mona Lisa

● 四季咲き ●（A）B 〜 E ● 5月中旬
● 9 〜 10cm ● 1 〜 2.5m

非常に花が散りにくく長く咲き続けるので掃除も楽。色ははっきりしているが中輪で主張は強くない。秋も咲く。微香。枝は硬い。花後に実がつきやすく、つるを早く伸ばすには植えつけ1年目に花を咲かせないようにつぼみが小さいうちから手で摘み取る。花枝は短く密集して咲き見事。ADR認証品種でよく育つ。

アミ ロマンティカ
Amie Romantica®

● 四季咲き ●（B）C 〜 E ● 5月中
● 7 〜 8cm ● 1 〜 2m

寒冷地ではピンク一色で咲くこともある。中輪の可愛いサイズで香りもよく、横向きに咲く。秋の花も咲きやすい。枝が太くなく刺も少なめで誘引しやすい。花枝が短いのでぎゅっと花がつまって咲き美しい。縦に誘引してもたくさん咲く。初心者向き。

アメジスト バビロン
Amethyst Babylon®

● 返り咲き ●（B）C 〜 E ● 5月中旬
● 6 〜 8cm ● 1 〜 2.3m

中輪の可愛いサイズ。赤いブロッチ模様は希少。強い枝は房咲きになる。秋は咲きにくい。枝が細めなので誘引しやすい。花枝が短く誘引したとおりに花が咲き美しい。実がつきやすいので、こまめに花がら切りをして体力を温存させる。

ベル ロマンティカ
Belle Romantica

● 四季咲き ●（B）C 〜 E ● 5月中旬
● 6 〜 7cm ● 1 〜 2m

鮮やかな中輪の花には柑橘系の香りもある。黄色の色は褪せにくく花持ちもよい。強い枝は房咲き。刺も少なめで誘引しやすい。花枝も短く、密集して咲く。ポールにまっすぐ誘引しても花がたくさん咲きやすい。ADR認証品種。

レオナルド ダ ビンチ
Leonardo da Vinci

●返り咲き● （B）C～E ●5月中旬
●8～10㎝ ●1～2m

大きめの見事な花は散りにくく長く咲いてくれる。香りは弱いが庭を艶やかに彩る。枝は硬い。つるを早く伸ばすには、植えつけ1年目に花を咲かせないようにつぼみが小さいうちから手で摘み取り、こまめに誘引する。育てやすい。

サマーモルゲン
Sommermorgen

●四季咲き● （B）C～E ●5月下旬
●5～7㎝ ●0.6～0.8m

可愛い中輪の花は房になって咲く。夏も秋も花つきがよい。秋の色は艶があり美しい。花枝は短く、密集感がある。つるを早く伸ばすには、植えつけ1年目に花を咲かせないようにつぼみが小さいうちから手で摘み取りこまめに誘引する。育てやすい。

ラベンダー ドリーム
Lavender Dream®

●返り咲き● （B）C～E ●5月中旬
●3～4㎝ ●1.2～1.5m

あっさりとした小花が大きな房となって群れ咲く。花びらの裏がやや濃く見飽きない可愛らしさ。風にのって香りが広がる。秋も咲く。花枝は長め。若い枝は硬めだが細いので誘引しやすいが、太くなった株元1mは曲がらず誘引しにくくなる。

ケルナー フローラ
Kölner Flora

●返り咲き● （B）C～E ●5月中旬
●8～10㎝ ●1.8～3m

やや大きめのカップ咲きの花にはとてもよい香りがあり、香りのつるバラとして楽しめる。秋の花は少なめ。つるは太めで硬い。花枝は長くはないのでまとまって咲く。刺が少なく扱いやすい。

つる ローズ うらら
Cl. Rose Urara

●返り咲き●B～E ●5月中旬
●8～10㎝ ●2.5～3m

とても花つきがよく、花持ちがよいのに香りもある。中輪の花が房で咲くので豪華。秋まで返り咲く。花壇用品種からの枝変わりだが、伸びすぎることなく、太すぎて曲がらないといったこともなく扱いやすい。比較的丈夫で手間があまりかからない。

ジャスミーナ

Jasmina

- ●返り咲き●A～D●5月中旬
- ●6～7㎝ ●2～3m

繊細な花がしなやかな枝先に咲く姿は花の瀧のよう。微香だが見事な景観をつくる。目線より高く誘引したい。花枝は長め。若い枝はしなやかで曲げやすいが、古枝は年々太り曲げにくくなる。よい枝が途中から出たら更新する。ADR認証品種。

クリスティアーナ

Christiana

- ●返り咲き●（A）B～E●5月中旬
- ●約8㎝ ●1.8～2m

繊細な薄い花びらが光に透けてきれい。香りもよくコロッとした花の形も人気。株が充実してくると返り咲く。株元から太い枝がたくさん出るので、株元が寂しくならない。花枝は短めでまとまりよく咲く。まっすぐ立てて誘引しても多くの花が咲く。ADR認証品種。

スター チェイサー

Star Chaser

- ●返り咲き●B～D●5月中旬
- ●8～10㎝ ●2～3m

やや大きめの花には香りもあり、よく目立つ。花の寿命も長め。秋花は咲きにくい。花枝が短く、みっちりつまって咲く。株元近くまで花が咲きやすい。つるは長く伸びにくく狭い庭でも扱いやすい。立てて誘引してもたくさん咲く。

マリー ヘンリエッテ

Marie Henriette

- ●返り咲き●（A）B～D●5月中旬
- ●9～10㎝ ●2～2.5m

香りのよい大きめの花が咲く。株が充実してくるとよく返り咲くが秋の花は少なめ。つるは太くて硬いが、まっすぐ立てて誘引しても下までよく花が咲く。うどんこ病、黒星病に強い。ADR認証品種。

アンジェラ

Angela®

- ●四季咲き●（A）B～E●5月中旬
- ●4～5㎝ ●1.5～2.5m

小さめのコロッとした花がびっしりと埋めつくす姿は圧巻。香りは弱いが長く咲く。秋花も少ないが咲く。花枝は短めでまとまりがよい。最も普及したバラのひとつで、育てやすい。上にどんどん継ぎ足すように長く伸びるので、壁面にもよい。

ポール向き

花枝が長めなのでポール仕立てが最も美しく仕上がる。汎用性は低いが、柱1本立てて誘引できる手軽さは貴重。

サマー メモリーズのポール仕立て

サマー メモリーズ
Summer Memories®

●四季咲き●（A）B〜E●5月中旬
●8〜10cm　●2〜2.5m

香りのよいロマンティックな花が春から秋までよく咲く。花の咲いた枝から次々と咲き上がる。丈夫で育てやすい。たくさんの小枝が出るので、刈り込んで形を整えることも可能。

ルミナス ピラー
Luminous Pillar

●返り咲き●B〜E●5月中旬
●約10cm　●2〜3m

きりっと巻き上がるフォーマルな印象のつぼみから、ボリューム感のある大きく香り高い花になる。房で咲くので長く楽しめる。秋は咲きにくい。花枝が長いので、雨が降ると花が重くなって枝が折れやすい。曲げにくいがまっすぐ立ててもよく咲く。

ロートケプヘン
Rotkäppchen

●四季咲き●（A）B〜E●5月中旬
●6〜8cm　●1.2〜2.5m

名前の意味は、グリム童話の「赤ずきん」。落ち着きのある深い赤。香りは弱いが1輪の寿命が長い。房で咲き長く楽しめる。つるが伸びにくいので、植えつけ初年は花を咲かせないようにつぼみは見え次第摘み取る。つるは柔らかいが年々太く硬くなる。

ブラッシング ノックアウト
Blushing Knock Out

●四季咲き●A〜E●5月中旬
●7〜8cm　●0.9〜2m

桜色でチューリップのように上を向いて咲き切らない表情が奥ゆかしい。香りは弱い。完全四季咲き。つる性の枝は出てこないが、細い枝が次々と伸び接いで、2m以上に育つ。枝の寿命が長いからできる芸。無剪定で3〜4年放置後仕立てるとよい。

アストラ デズモンド
Astra Desmond

●一回咲き●B〜D●5月中旬
●約4cm　●2〜2.5m

小花が大きな房となって咲き、ひとつの花の寿命がものすごく長い。花がら切りで次の花が咲きやすいが、たくさんつく実も魅力。特別に高く伸びる品種でもないので2mほどのポールで充分楽しめる。上から下まで花がよくつく。

低めの
フェンス向き

枝が柔らかく曲げやすい。
もしくは、つるが横向きに
生えやすい。

ポンポネッラ
Pomponella

● 返り咲き ●（A）B〜E ●5月中旬
● 5〜6㎝ ●約2m

春は花つきがよいので養分が分散
し、アンジェラと大差ない花。秋
花は少ない花に養分が集まり、コ
ロンとやや大きめの丸い花とな
り、ひと月以上咲く。枝は硬め。

キャメロット
Camelot

● 返り咲き ●A〜E ●5月中旬
● 8〜10㎝ ●2.5〜3m

上向きに咲くので、繊細な模様と香
りを楽しむため低く誘引して上から観
賞する。横に誘引すると花が増える。
寒さに強く、寒冷地でもつるが傷み
にくい。枝も柔らかくて誘引しやすい
ので初心者でも安心。花枝はやや
長い。ADR認証品種。

ペレニアル ブルー
Perennial Blue®

● 返り咲き ●B〜E ●5月中旬
● 3〜4㎝ ●1.5〜2.5m

香りのいい小花が群れ咲く。日陰で
色よく見えるので半日陰がおすすめ。
秋は咲きにくい。丈夫だが樹勢はお
となしいので、コンパクトに納まる。
枝は柔らかく誘引しやすい。実がよく
つくので秋らしい景色も楽しめる。花
枝はやや長い。ADR認証品種。

フランボワーズ バニーユ
Framboise Vanille

● 返り咲き ●C〜D ●5月中旬
● 9〜11㎝ ●2〜2.5m

上品な華やかさ。大きめの花は
凛々しい花形で花持ちもよく、青
リンゴのような香り。秋の花は少
なめ。つるは太めだが柔らかく、
刺も少なくて誘引しやすい。株元
も寂しくなりにくい。花枝はやや
長め。育てやすい。

ハルカゼ（春風）

Harukaze

- ●一回咲き ● B ～ D ● 5月中旬
- ● 7 ～ 8㎝ ● 3 ～ 4m

黄色のつぼみからローズピンクに移り変わる。中輪の花が房でびっしりと咲き花で株が覆われる。つるに刺がなく曲げやすいので初心者でも扱いやすい。放任すると黒星病で葉がなくなるが、春には何事もなかったかのようによく咲いてくれる。花枝は短い。

ガラシャ（伽羅奢）

Gracia

- ●四季咲き ● B ～ E ● 5月中旬
- ● 6 ～ 7㎝ ● 1 ～ 2m

花びらのしっかりした桜のような印象の花を豪快に咲かせる。実つきがよくこれを秋に楽しんでもよいが、花を咲かせ続けるなら切る。枝が柔らかく這い広がるように伸びるが、大きくなりすぎない。花枝は短め。丈夫で育てやすい。

アワユキ（淡雪）

Awayuki

- ●返り咲き ● B ～ E ● 5月中旬
- ● 3 ～ 4㎝ ● 0.6 ～ 1.5m

ぽってりした端正な一重の小花が春にいっせいに咲き、この後もぽつぽつ咲き続く。日本人の心に響く姿。大きくならないので狭い庭でも納まりがいい。葉も小さく枝も細めで繊細な印象の株姿。花枝は極めて短い。

ゾンマー アーベント

Sommer Abend

- ●返り咲き ● A ～ E ● 5月下旬
- ●約5㎝ ● 2 ～ 2.5m

夏の夕べという名の意味のごとく燃えるような夕焼け色。一番花は小ぶりな房で咲き、夏のベーサルシュートには巨大な花房で咲く。つるは柔らかく誘引しやすい。テリハノイバラのように垂れ下がっても伸び続ける。花枝はやや長い。ADR認証品種。

スーパー エクセルサ

Super Excelsa®

- ●返り咲き ● A ～ E ● 5月中旬
- ● 4 ～ 5㎝ ● 1 ～ 2m

小花がたくさん房になって咲き、株が花で包まれる。色鮮やかで目を引く。株は大きくなりすぎず、しなやかなので小さな庭で魅力を発揮する。小さなアーチでも納まりがいい。葉も小さく軽やか。花枝は短め。丈夫で育てやすい。ADR認証品種。

10号以上の鉢植えと 1mほどのオベリスクや トレリスを合わせて

低めのフェンスにも使える。

レイニー ブルー
Rainy Blue

● 返り咲き ● B～D ● 5月中旬
● 約6cm ● 1～1.5m

透明感のある繊細な中輪の花が房になってたくさん咲く。花持ちは悪くない。細く繊細な枝と細かな葉が優しい木の姿をつくる。刺も少なく誘引はしやすいが、花を咲かせ続けるとつるが出ない。長く伸ばすときはつぼみが小さいうちに摘み取る。

シンデレラ
Cinderella®

● 返り咲き ●（A）B～D ● 5月中旬
● 8～10cm ● 1.5～2m

中輪で可愛らしい色合いの花がやや上向きに房となって咲く。枝を寝かせて誘引したほうがよく咲く。大きくなり過ぎない。古い枝は硬いので、曲がるうちにしっかり曲げておく。

レイニー ブルーのフェンス

ソレロ
Solero®

● 四季咲き ●（A）B～D ● 5月中旬
● 7～8cm ● 1～1.5m

しっかりとボリュームのある中輪の花が咲き、さわやかな香りで花持ちも悪くない。柔らかい枝で誘引しやすいが、庭植えでは株が元気になると太い枝を出すこともある。花枝は短め。株は小さめで長いつるは出にくい。ADR認証品種。

メイ（芽衣）
Mei

● 一回咲き ● B～D ● 5月上旬
● 約4cm ● 約2m

可愛らしい小花がびっしりと咲きそろう姿はとてもキュート。濃い色から桜色へふんわり淡くなる。つるは細く柔らかく、長く伸びる。誘引はしやすい。なるべく新しいつるに更新するように古い枝は切ってゆく。花枝は極めて短い。

ラブリー メイアン
Lovely Meilland

● 返り咲き ● B～E ● 5月中旬
● 6～8cm ● 約0.8m

桜色の小ぶりな花が房になって、うつむいて咲く姿は可愛いの一言。花枝はやや長めだが、ふわっと広がって咲く。大きくならないので扱いやすい。

おすすめのクレマチス図鑑

及川洋磨（及川フラグリーン）

柱や枝につるをからませながら咲く姿は、ナチュラルな雰囲気の
なかに華やかさも感じさせる。品種はマダム ジュリア コレボン。

クレマチスを気軽に楽しむために

　つる植物の中でもとりわけ花色、花形、開花時期の違いなど多様な魅力を提供できるのがクレマチスです。このクレマチスの特徴である多様性は自生種の豊富さに由来しています。世界には300種以上の自生種があるといわれ、それらは花色花形の違いはもちろん、伸びる枝の長さ、葉の色、形にまで違いがおよびます。この違いの豊富さに加え、その自生種を元に交配が繰り返されたことで、新品種が生み出され続け、今日の多様なクレマチスの魅力につながっています。

　しかし、魅力である多様性がときにはクレマチスのハードルを上げることになっているのも事実です。多様がゆえに、品種選びや剪定などの育て方が複雑になってしまうことがあります。上記の通り花色や形だけの違いではなく、枝の伸びなどのほかの性質で咲き姿に違いが出るために、品種選びが直感的にできません。また、剪定などの育て方の面も加わると、上級者向け植物と思われてしまうのです。

　そこで本書では、多様な魅力を持ちつつも、難しい印象のあるクレマチスをあくまで気軽に楽しむ観点から捉え直し、初心者の方でもスッと入ってもらえるように提案しています。具体的には、従来使われる系統による分類ではなく、楽しみ方で分類しています。はじめに自分に合った楽しみ方を選び、次にその中のおすすめ品種から好みの品種を選びます。普通ははじめに花の色、形で選びがちになり、実際に植えてみると思ったよりも枝が伸びないなど、咲き姿としていい感じにならないということになります。

　このように、花の顔だけでクレマチスに入ろうとすると、その難しそうという印象がずっとつきまとってきます。しかし、はじめに楽しみ方という切り口、おもに枝の伸びる長さで自分の利用シーンを決めることで、品種選びや育て方のポイントがわかりやすくなります。そう考えると、クレマチスの魅力はまだまだ広く伝わっているとはいえず、本当の楽しさを知ってもらうのはこれからだと思います。ぜひこれを機会にクレマチスに出会ってもらい、少しずついい感じの風景に近づけていってもらうことを願っています。

■データの読み方（関東地方を標準）
「旧枝咲き」は前年の枝に花芽がつき、「新枝咲き」は今年の新しい枝に花芽がつく。A〜Eは植栽ゾーン（6ページ参照）を表す。1年に一度咲く一季咲きに対し、何回も咲くのが「返り咲き」で、その度合いを強弱で表した。そのあとは開花時期、花の直径、枝の長さ。

※クレマチス栽培の情報は88ページ。

大きめの庭向きの
クレマチス

生育がよく、枝を存分に伸ばす
広いスペースがあれば、ナチュラルで
大らかな姿を楽しませてくれる。

ペルル ダジュール
Perle d' Azur
- ●落葉●遅咲き大輪系（新枝咲き）●A〜E●返り咲き（強）
- ●5〜10月●11〜14㎝●2〜3m

花は涼しげな明るい青色で、淡い赤紫色の筋が入る。枝が太めで、伸びもよい。やや暴れる枝を利用してナチュラルに誘引したい。枝が茂る開花最盛期でも大らかな咲き姿を維持しており、庭植えで非常に優秀な性質をみせる。初夏の庭の主役になれる。

ブラック プリンス
Black Prince
- ●落葉●ビチセラ系（新枝咲き）●A〜E●返り咲き（強）●5〜10月●6〜9㎝●2〜3m

花は黒色に近い暗濃紫色で、その名にふさわしい、すばらしい色合い。濃く深い色合いがシックで大人な雰囲気を醸し出す。場を引き締め、フォーカルポイントを作れる。明るい色と組み合わせて楽しむのもおすすめ。

コーリー
Corry
- ●落葉●オリエンタリス・タングチカ系（新枝咲き）●A〜B●返り咲き（弱）●6〜10月●3〜5㎝●3〜5m

花は発色のよい鮮やかな黄色。整ったベル形で最盛期には半開し、この系統の中では大きめで観賞性に優れる。枝の伸びがよく、広いスペースで楽しみたい。やや香りがあるのも魅力。暑さと蒸れにやや弱いので、寒冷地のほうが育てやすい。

ダヌータ
Danuta
- ●落葉●遅咲き大輪系（新枝咲き）●A〜E●返り咲き（強）●5〜10月●9〜12㎝●2〜3m

花は鮮やかなピンク色で、黄花芯とのコントラストが可愛い。小さすぎず大きすぎずで、すっきりした整った花形。たくさん咲いたときもしつこくなく、バランスが取れている。主役にも組み合わせの相手にもなれる非常に使いやすい品種。

※カザグルマ（日本に自生）もテッセン（中国に自生）もクレマチスの原種だが、クレマチス全体の別称とされることもある。

コメレイ
Kommerei

●落葉●ビチセラ系（新枝咲き）●A～E●返り咲き（強）●5～10月●9～12cm●2～3m

花は発色のよい鮮やかな紅色で赤花芯とのバランスがよい。見ごたえある大きさで剣弁の整った形。色合いと相まって、非常に観賞性に優れる。主役として使える存在感があり、フェンスやアーチなど大きめの構造物との相性もよい。

モンタナ フレーダ
Clematis montana Freda

●落葉●モンタナ系（旧枝咲き）●A～B●一季咲き●4～5月●4～6cm●3～5m

当系統の他品種にはない、発色のよいチェリーレッドの花。遠目からでもそれとわかる鮮やかな花は弁端ほど色が濃く、グラデーションが美しい。開花最盛期の見ごたえは見事。花だけでなく銅葉も美しい。特に低温に当たる秋の色はすばらしい。暑さと蒸れにやや弱いので、寒冷地のほうが育てやすい。

オドリバ（踊り場）
Odoriba

●落葉●テキセンシス・ビオルナ系（新枝咲き）●A～E●返り咲き（強）●5～10月●3～4cm●2～3m

花は赤紫色がかる可愛いピンク色で、内側に白筋が入る。明るく優しい色合いで、当系統の人気品種。軽やかにフワフワ舞うように咲き、単独でも組み合わせでも使いやすい。花色や花形の異なる他品種と組み合わせてもおもしろい。

プリンセス ダイアナ
Princess Diana

●落葉●テキセンシス・ビオルナ系（新枝咲き）●A～E●返り咲き（強）●5～10月●6～8cm●2～3m

花は外側が赤色で内側は濃いピンク色。大きめのチューリップ咲き。近年のクレマチスの中でも最も人気のある品種。花色と花形がマッチしてネーミングの妙が光る。枝の伸びがよく、開花最盛期は見ごたえ抜群。茂り過ぎたら枝を間引いて、バランスを取る。

ウォーカーズ ブルース
Walker's Blues

●落葉●テキセンシス・ビオルナ系（新枝咲き）●A～E●返り咲き（強）●5～10月●4～5㎝●2～3m

花は初夏によく似合う透明感のあるさわやかな青色。個々にねじれがあり、動きが感じられる。全体の咲き姿はダンスをしているようにも見える。細葉も特徴で、開花最盛期に茂っても軽やかな姿を維持できる。色味、花の姿と相まって、浮遊感が特徴の品種。

パープレア プレナ エレガンス
Purpurea Plena Elegans

●落葉●ビチセラ系（新枝咲き）●A～E●返り咲き（強）●5～10月●3～5㎝●2～3m

クレマチスの中でも珍しい小輪の赤花・八重咲き。紙細工のような繊細な花で、花つき、返り咲き性ともに強く、開花性質が非常に優れる。株全体で咲き誇る姿は見ごたえがある。花首が長めなので、フワフワ舞うような咲き姿。

サマースノー
Summer Snow 'Paul Farges'

●落葉●ビタルバ系（新枝咲き）●A～E●一季咲き●6～9月●3～5㎝●3～5m

シンプルでさわやかな小輪の白色花。株が充実すると、初夏に白花で覆われ圧巻。まさに品種名のとおりのシーンとなる。鋸歯のある葉も雰囲気がよく、花だけでなく、葉もグリーンとして楽しめる。壁面いっぱいに誘引し、咲き誇らせることもできる。

センニンソウ（仙人草）
Clematis terniflora

●落葉●フラミュラ系（新枝咲き）●A～E●一季咲き●8～10月●3～4㎝●3～5m

可愛い十字の白色小輪花。枝を旺盛に伸ばし、小花を無数に咲かせる。多花性で花の少ない夏の庭を彩り、ほのかな香りがある。花後の種子も美しく、花と合わせての観賞期間が長い。北海道～沖縄に自生する原種で、日本の気候に適し強健。

ツゥツカ（ツスカ）
Tuchka

●落葉●遅咲き大輪系（新枝咲き）●A～E●返り咲き（強）●5～10月●7～10㎝●2～3m

花は紫色地に紅筋が入り、濃く鮮明な色合いが美しい。丸みを帯びたかわいい中輪で、大きすぎず小さすぎずのほどよい大きさで使いやすい。多花性で開花最盛期には、株全体でフワフワと蝶が舞っているような咲き姿になる。

小さめの庭向きの
クレマチス

枝の伸びがほどほどで
比較的低めの位置から花を咲かせるので、
狭いスペースで魅力を発揮する。

メロディー

Melody

●落葉 ●ビチセラ系（新枝咲き）●A〜E ●返り咲き（強）
●5〜10月 ●6〜9㎝ ●2〜3m

花は光沢のあるピンク色で、やや赤紫色がかる。大きすぎず小さすぎずのほどよい大きさで花形もよく、観賞性が高い。ポイントとして単体で使ってもよいが、組み合わせてもよい万能品種。

ジゼラ

Gizera

●落葉 ●遅咲き大輪系（新枝咲き）●A〜E ●返り咲き（強）●5〜10月 ●9〜12㎝ ●2〜3m

花は鮮やかな紫色で光の加減で赤紫色にも見える。深く濃い色と黄花芯とのバランスがよい。花形もよく、花首が長めでフワフワした咲き姿になる。たくさん咲いても重すぎず浮遊感がある。枝の伸びがよく、使いやすい。

ホーゲルビー ピンク

Clematis viticella Hagelby Pink

●落葉 ●ビチセラ系（新枝咲き）●A〜E ●返り咲き（強）●5〜10月 ●4〜6㎝ ●2〜4m

花は優しげな上品な淡いピンク色。楚々とした繊細な色調が特徴的で、濃いめの色が苦手の人にもオススメ。主張が強すぎず、ほかの植物とも組み合わせやすい。性質は強く育てやすい。

ハルヤマ（晴山）

Haruyama

●落葉 ●早咲き大輪系（旧枝咲き）●A〜D ●返り咲き（弱）●5〜10月 ●12〜15㎝ ●2〜3m

すっきりした白花で、赤花芯とのバランスがよい。枝の伸びがよく、頂点だけでなく下の節にも咲かせる。強健で育てやすい。大輪系の中でも多花性で、かつ返り咲き性がある優秀な品種。

ジャン フォプマ

Jan Fopma

●落葉●インテグリフォリア系（新枝咲き）●A〜E●返り咲き（強）●5〜10月●3〜4cm●1.5〜2m

濃い紫色のコロンとしたベル形の花。枝のからまりが弱く、誘引しやすい半つる性。オベリスクやフェンスとの相性がよい。厚花弁で非常に花持ちがよく、観賞期間が長い。庭の主役としても使える存在感。

ジョセフィーヌ

Josephine =Evijohill

●落葉●早咲き大輪系（旧枝咲き）●A〜D●返り咲き（弱）●5〜10月●14〜17cm●1.5〜2.5m

ダリアのような美しい唐子咲き。枝の伸びがよく庭植えでも使いやすい。他品種にはない引き込まれるような装飾的な花形の歴史的名花。世界でも人気が高い。

キザシ（きざし）

Kizashi

●落葉●早咲き大輪系（旧枝咲き）●A〜D●返り咲き（弱）●5〜10月●12〜15cm●1.5〜2.5m

花はピンク色地で、刷毛目状に濃い赤紫色の筋が入る。枝の伸びがよく大輪花の中でも返り咲き性もあるので、庭植えにも使いやすい。性質も安定していて、強健で育てやすい優良品種。

オブスキュア

Obscure

●落葉●ビオルナ系（新枝咲き）●A〜E●返り咲き（強）●5〜10月●2〜3cm●2〜3m

つぼみと咲き始めは紫と緑のグラデーションが美しく、徐々に先端が白色がかる。可愛い壺型の花が鈴なりに咲く多花性。初夏に合う軽やかな咲き姿はナチュラルな植栽に使いたい。主張が強すぎないので、組み合わせもしやすい。

シルビ

Silvi

●落葉●遅咲き大輪系（新枝咲き）●A〜E●5〜10月●10〜13cm●2〜3m

花は涼しげな青色で中心部が白く抜け、抜群にさわやかな雰囲気を醸し出す。初夏の暑い時期に重宝する色合い。弁間に隙間のある形のよい剣弁花で軽やか。主役としても単独での利用にも、組み合わせにも向く。

テンクウ（天空）
Tenku

●落葉●早咲き大輪系（旧枝咲き）●A
〜D●返り咲き（弱）●5〜10月●11
〜14cm●1.5〜2.5m

花はさわやかで落ち着いた藤色、中心部がやや緑色がかる。その淡い色味から八重花ながら重たすぎず、豪華さと上品さを兼ね備えている。主張しすぎないので組み合わせもしやすい。

ペベリル プリスティン
Peveril Pristine

●落葉●ビチセラ系（新枝咲き）●A〜E●返り咲き（強）●5〜10月●6〜9cm●2〜3m

透き通るような質感のさわやかな白花。咲き始めに黄緑色の筋が入る、魅力的な繊細な色合い。ほどよい大きさの花は色と相まって用途が広い。白花が少ない当系統にあって、非常に重宝する有望品種。

ヴィクター ヒューゴ
Victor Hugo

●落葉●インテグリフォリア系（新枝咲き）●A〜E●返り咲き（強）●5〜10月●6〜9cm●1.5〜2.5m

花は濃い紫色、花芯と相まって非常に深みのある色調。枝のからまりが弱く、誘引しやすい半つる性。深く濃い色合いはシックで大人の雰囲気がある。多花性で観賞期間が長い。葉も小さめなため、開花最盛期でも重たくならない。

リュウセイ（流星）
Ryusei

●落葉●インテグリフォリア系（新枝咲き）●A〜E●返り咲き（強）●5〜10月●6〜9cm●1.5〜2.5m

銀色にも見える花は、紫色の絵の具を吹きつけたようでさわやか。枝のからまりが弱く、誘引しやすい半つる性。オベリスクやフェンスとの相性がよい。多花性で観賞期間が長い。葉も小さめなため、開花最盛期でも重たくならず使いやすい。

鉢植え向きの
クレマチス

枝の伸びが旺盛過ぎず
株がコンパクトにまとまりやすいので、
鉢植えにすると真価を発揮する。

ルーテル
Rutel

●落葉 ●早咲き大輪系（旧枝咲き）●A 〜 D ●返り咲き（強）
●5 〜 10月 ●10 〜 13cm ●1.5 〜 2.5m

輝きのあるベルベット質の濃い赤花が美しい。花と花芯の深く濃い色合いがシックで大人の雰囲気を醸し出す。強光線にも退色しにくい。ほどよい大きさの花が使いやすい。枝の頂点だけでなく節にも咲かせる。

アイノール
Ai-Nor

●落葉 ●早咲き大輪系（旧枝咲き）●A 〜 D ●返り咲き（強）●5 〜 10月 ●12 〜 15cm ●1.5 〜 2m

花は優しい雰囲気のサーモン・ピンクで、中心部がやや青味がかる。弁間に隙間があるので、色味と相まって軽やかな印象。大輪花ながら枝の頂点だけでなく、下の節にも花をつける多花性。コンパクトでまとまりがよく、枝の扱いも楽にできる。

アフロディーテ エレガフミナ
Aphrodite Elegafumina

●落葉 ●インテグリフォリア系（新枝咲き）●A 〜 E ●返り咲き（強）●5 〜 10月 ●6 〜 9cm ●1.5 〜 2m

花は濃い青紫色が大人な雰囲気。枝のからまりが弱く、誘引しやすい半つる性。オベリスクやフェンスとの相性がよい。その色味と優秀な開花性質から、近年人気の注目品種。バラとの組み合わせもおすすめ。

アークティック クイーン
Arctic Queen=Evitwo

●落葉 ●早咲き大輪系（旧枝咲き）●A 〜 D ●返り咲き（弱）●5 〜 10月 ●12 〜 15cm ●1.5 〜 2.5m

繊細で上品な白色の花。花弁の重なりがよく、花形がとても整っており、造形的で美しい。1輪咲くだけでも圧倒的な存在感がある。その繊細な色味と花形を楽しむために、直射日光が当たりすぎない場所で育てるのがおすすめ。

キャロライン
Caroline

●落葉●遅咲き大輪系（新枝咲き）●A〜E●返り咲き（強）●5〜10月●9〜12cm●1.5〜2.5m

花は淡いピンク色地に、一段濃い筋が入り、グラデーションが可愛い。優しげな雰囲気のピンクの名花。大きすぎず小さすぎずの使いやすい中輪花で、形も整っている。色味と形が相まって、たくさん咲いても重たくならない万能品種。

エンクウ（円空）
Enku

●落葉●早咲き大輪系（旧枝咲き）●A〜D●返り咲き（弱）●5〜10月●11〜14cm●1.5〜2.5m

花はさわやかな青藤色系の色調。花弁の重なりがよく、松ぼっくりのような形で咲き始め、徐々に開く。八重咲きながらほどよい大きさの花はバランスがよい。色味、大きさ的に自己主張が強すぎないので、ほかの植物とも合わせやすい。

ファシネイション
Fascination

●落葉●インテグリフォリア系（新枝咲き）●A〜E●返り咲き（強）●5〜10月●3〜4cm●1〜2m

花は濃く鮮やかな紫色のベル形。枝のからまりが弱く、誘引しやすい半つる性。オベリスクやフェンスとの相性がよい。扱いやすい開花丈で鉢植えにも庭植えにも使いやすく切り花にも向く万能品種。花持ちがよく、観賞期間が長い。

シロマンエ（白万重）
Clematis florida Alba Plena

●落葉●フロリダ系（旧枝咲き）●C〜D●返り咲き（強）●5〜10月●8〜11cm●2〜3m

花は淡い黄緑色で咲き始め、徐々に白色へ変化する。繊細な色合いが非常に美しい万重咲き。和にも洋にも使えるたたずまい。返り咲き性が強く、開花期間が長い。原種「テッセン」の枝変わりといわれる。

ハヤチネ（早池峰）
Hayachine

●落葉●早咲き大輪系（旧枝咲き）●A〜D●返り咲き（弱）●5〜10月●12〜15cm●1.5〜2.5m

花は岩手県の名峰、「早池峰山」の残雪を思わせるような淡い藤色。一重だけでなく半八重気味に咲くこともある。咲き方に個性があるが、ナチュラルな色合いにより主張が強すぎず、自然風の植栽にも向く。

ミクラ
Mikla

●落葉●遅咲き大輪系（新枝咲き）●A
〜E●返り咲き（強）●5〜10月●10
〜13cm●1.5〜2.5m

白色花弁に淡い紅色と緑色が混
ざったような筋が入り、繊細で美し
い。他品種にはない繊細で美しい色
合いが特徴。落ち着いた色味で、和
風でも洋風でも合わせやすい。葉は
黄緑色の淡い色調で、花色と相まっ
て独特な雰囲気を醸し出す。

ヘザー ハーシェル
Heather Herschell

花は発色のよい鮮明なピンクで
美しい。枝のからまりが弱く、
誘引しやすい半つる性。オベリ
スクなどにからませたり、支柱
なしでグラウンドカバーにも使

●落葉●インテグリフォリア系（新枝咲
き）●A〜E●返り咲き（強）●5〜
10月●4〜6cm●0.7〜1.2m

える。輝きのある花は人目を引
き、主役に使える存在感を放つ。

ナイト ベール
Night Veil

●落葉●フロリダ系（旧枝咲き）●C〜
D●返り咲き（強）●5〜10月●8〜
11cm●2〜3m

花は濃いシックな紫色で中心部が
白く抜ける。濃く深い色合いが何
ともいえない落ち着いた雰囲気を
醸し出す。レンガやウッドフェン
スなど洋風素材との相性は抜群。
返り咲き性が強く、信頼をおいて
利用しやすい。

テキセンシス
Clematis texensis

●落葉●テキセンシス・ビオルナ系（新
枝咲き）●A〜E●返り咲き（強）●5
〜10月●2〜3cm●2〜3m

花は外の赤と内の黄のコントラス
トが可愛い壺形。非常に花持ちが
よく、次々と咲かせる多花性でも
あるため観賞期間がすこぶる長
い。流通量が少ない希少種。アメ
リカに自生する原種で、近年人気
の壺形品種はここから始まった。

ウィズリー
Wisley

●落葉●ビチセラ系（新枝咲き）●A〜
E●返り咲き（強）●5〜10月●8〜
11cm●1.5〜2.5m

花は黄花芯とのバランスがよい鮮
明な青紫色。強い日差しの下でも
映えるさわやかな色合いで、初夏
によく似合う。当系統の中でも低
めの位置から花を咲かせ、観賞性
が高く使いやすい。

バラ & クレマチスの名園ガイド

ここで紹介する各園の詳しい情報は
106 〜 107ページをご覧ください。

京成バラ園（千葉県）3万平方mの敷地に1600品種1万株の日本を代表するバラ園。クレマチスほか季節の花木や草花が楽しめる。

クレマチスの丘（静岡県）美術館や文学館など文化複合施設の庭にクレマチスが咲く。

花巻温泉バラ園（岩手県）5000坪にバラ450品種6000株。100mのバラトンネルと宮沢賢治設計の日時計がある。

神代植物公園／バラ園（東京都）中央に噴水がある庭園に400品種5200株。大勢の人がバラの香りに酔いしれる。

横浜イングリッシュガーデン（神奈川県）1700品種2000株以上のバラを中心にクレマチスや花木、草花が咲き競い、四季を通じて楽しめる。

荒牧バラ公園（兵庫県）高低差のある立体的な南欧風のテラス式庭園内に250品種1万株が咲き競う。

Part3

おすすめのつる植物図鑑

ノウゼンカズラ

つるの種類と特徴　若林芳樹（造園植物研究家）

つる（バイン）を伸ばして這い上がったり垂れ下がったりしながら伸びていく植物を総称してつる植物と呼んでいます。

つる植物にはつるの伸ばし方に特徴があって、「巻きつるを伸ばして這い上がる」、「吸着根（着生根）や吸盤を壁などに伸ばして這い上がる」、「巻きひげをからめて這い上がる」、「爪や刺などを引っかけて這い上がる」などですが、本書では自立できなくて誘引したり下垂させたりして利用する植物や、他の植物などにもたれかかるようにして刺や小枝をからめたりして伸びていく半自立と呼ぶ植物も掲載しています。

生長が速く大きく伸びる種類からあまり伸びない種類まで生育にバラエティがあって、フェンスはもちろんアーチや棚のほか、石積み、レンガ積み、コンクリートなどの擁壁や建物まで、いろいろな場所で利用できることが特徴です。

見どころとしては、フジやノウゼンカズラなど花の美しいつる植物は、昔から人気があって親しまれてきましたが、最近は地球の温暖化の影響もあってか、黄色やピンク、赤、紫などのカラフルな花色の熱帯や亜熱帯原産のつる植物も身近で見かけることが多くなっています。また、アケビやコトネアスターなどに代表される実が楽しめる種類や、スイカズラやハゴロモジャスミンなどの花の香りが楽しめる種類、ケテイカカズラやツルマサキの品種など葉の色の変化が楽しめる種類など見どころが豊富なことも特徴です。

この図鑑でこれらの特徴を確認して、お気に入りのつる植物を見つけてお楽しみください。

つるの伸び方

●巻きつき登攀
巻きつるを伸ばして這い上がる。

●吸着登攀
吸着根（着生根）や吸盤を壁などに伸ばして這い上がる。

●巻きひげ登攀
巻きひげをからめて這い上がる。

●引っかけ登攀
爪や刺・小枝などを引っかけて這い上がる。

●誘引・下垂
もたれかかったり、垂れ下がったりして伸びる。

■データの読み方（関東地方を標準）
所属する科と属。落葉か常緑か。原産地。観賞期（下を参照）。A〜Eは植栽ゾーン（6ページ参照）。植え場所の日当たり（下を参照）。つるの種類、利用方法。
開花期：花が楽しめる時期を記載
果実期：実が楽しめる時期を記載
観葉期：常緑（周年）の葉や紅葉（11月）が楽しめる時期を記載
　陽　：日当たりを好む
陽〜半日陰：日当たりを好むが半日陰に耐える
半日陰〜陽：半日陰を好むが日当たりに耐える

アケビ

Akebia quinata

●アケビ科アケビ属 ●落葉 ●日本(本州以南)、朝鮮半島、中国 ●開花期：3～4月、果実期10月 ●B～D ●陽～半日陰 ●巻きつき登攀 ●フェンス・アーチ、棚

雑木林の林縁などに普通に見られるつる植物で、実は10cm程度で果肉は種子が多くじゃまになるが甘みがあって食べられる。里山の秋の恵みを楽しむ代表的な種類の一つ。花は3月半ばには開き始め、一般には淡紫色だが白花をつける株もある。

幅の薄い緑の壁をつくるのに適し、フェンスなどのほかしっかりした支柱を設置すれば、緑のカーテンとしての利用も可能。アーチや棚に仕立てると実のなった姿が楽しめる。実を楽しむには、雄花と雌花が離れているから、同じ株の花粉では受粉しにくいので、複数の株を植えるとよい。

小型の細長い小葉を5枚つけるアケビのほか、卵型の小葉を3枚つけるミツバアケビや両種の交雑種で、ミツバアケビに似た葉を5枚つけるゴヨウアケビなどがあり、同様に利用できる。

つるが長く伸びるので、伸びすぎるようであれば、葉が落ちたあとに切り取り、クリスマスのリースなどに利用してもよい。

月	1	2	3	4	5	6	7	8	9	10	11	12
植えつけ適期		■	■									
剪定適期	■											■

アケビの花

ミツバアケビの花

ミツバアケビの実

イワガラミ

Schizophragma hydrangeoides

●アジサイ科イワガラミ属●落葉●日本全土●開花期：5
～6月●Ａ～Ｄ●陽～半日陰●吸着登攀・下垂●壁面、フェ
ンス（誘引・登攀）・アーチ、棚

一番の見どころは花。一見ガクアジサイの花のように
見えるが、花の周囲を取り囲む装飾花（萼片）は1枚。
よく似たツルアジサイ（アジサイ属→P.64）は、装飾
花（萼片）は3～4枚なので容易に見分けられる。
石積みやウォールなどの壁を、吸着根を出して這い上
がり、緑の壁に変える。株が成熟すると吸着した枝か
ら成形枝が空中に伸び出して花をつけ、よい香りが楽
しめる。

月	1	2	3	4	5	6	7	8	9	10	11	12
植えつけ適期		■	■									
剪定適期	■	■										

装飾花は1個

フェンスでの利用

ウキツリボク　別名：チロリアンランプ

Abutilon megapotamicum

●アオイ科アブチロン属●常緑●ブラジル●開花期：4～
11月●Ｄ～Ｅ●陽～半日陰●誘引・下垂●フェンス・アーチ

赤と黄色の可愛い花が春から晩秋まで長く楽しめ
る。熱帯花木だが比較的低温にも耐え、関東南部以
南の暖地では屋外で越冬可能。半自立植物で細い枝
を長く伸ばすので、誘引して利用するとよい。

月	1	2	3	4	5	6	7	8	9	10	11	12
植えつけ適期				■	■							
剪定適期		■	■									

ウンナンオウバイ

Jasminum primulinum

●モクセイ科ソケイ属●常緑●中国西南部●開花期：3～4月●D～E●陽～半日陰●誘引・下垂●フェンス・アーチ

ゆるく垂れた枝の節々に黄色の花をつけた姿が観賞ポイント。細い枝が長く伸びるのでフェンスやアーチなどに誘引したり、壁の上から垂らしたりして利用する。常緑だが寒さで落葉することもある。

月	1	2	3	4	5	6	7	8	9	10	11	12
植えつけ適期				■	■							
剪定適期				■	■						■	■

オオイタビ

Ficus pumila

●クワ科イチジク属●常緑●本州（千葉県以西）、四国、九州、沖縄、台湾、中国南部、インドシナ●果実期：10～11月●D～E●半日陰～陽●吸着登攀●利用：壁面

石積みやウォールなどの垂直な壁面を緑で覆うのに最も適したつる植物の一つ。関東南部以南の暖地向きで、耐潮性があり臨海部の植栽にも適している。葉が比較的小さく密に覆うので緑の壁状態となり、壁を覆いつくすと成形枝が水平に出て厚みが出るが、生垣のように刈り込んで調節することも可能。フィカス・プミラの名で斑入りの鉢植えが多く流通しているが、本種に比べ寒さに弱いので注意が必要。

月	1	2	3	4	5	6	7	8	9	10	11	12
植えつけ適期				■	■							
剪定適期			■									

イタビカズラ

成形枝が密生して生垣を思わせる

カロライナジャスミン

Gelsemium sempervirens

●マチン科ゲルセミウム属●常緑●北米南東部●開花期：
3～4月●C～E●陽～半日陰●巻きつき登攀●フェンス・
アーチ、棚

花つきのよさが一番の魅力。暖地では3月の声を聴く
頃にはちらほら咲き始め、4月から5月の連休の頃ま
で黄色い花で覆われた華やかな姿が楽しめる。ジャス
ミンの名前がついているが花の香りは弱い。

つるは生長が速く長く伸びるので、比較的高さのあ
る広いフェンスなどの緑化に向いている。

細いつるが巻きついて登っていき、先まで伸びると
伸びたつるが垂れ下がって、つるの先端や葉腋に花
をたくさんつけるので、アーチや棚での利用も効果
的。また、補助資材を用いればコンクリートなどの
垂直の壁の被覆にも利用できる。

なお、つるは上方伸長の性質が強く、裾が上がりや
すいので、地際から伸び出す勢いのよいつる（シュー
ト）を横に誘引し、枝を出させて空いた部分を覆う
ようにするとよい。

最近は花にボリュームのある八重咲きの品種も流通
している。

月	1	2	3	4	5	6	7	8	9	10	11	12
植えつけ適期												
剪定適期												

八重咲き

壁面利用

キャッツクロー　　別名：トラノツメ

Macfadyena unguis-cati

●ノウゼンカズラ科マクファディエナ属●常緑●メキシコ〜グアテマラ〜アルゼンチン●開花期：5〜7月●D〜E●陽〜半日陰●吸着登攀●壁面、アーチ、棚

5〜7月にトランペットのような黄色い花をたくさんつけ、株を黄色に染め上げる。本来は3出複葉だが、先端の頂小葉が3本のかぎ状の爪に変化し、それを壁面の凹凸に引っかけてつるを伸ばし、その後吸着根を出して着生するので垂直の壁の被覆に向く。生長が速く広い面積での利用も可能。
壁面を覆いつくすと長く伸びたつるが垂れ下がり、それに多くの花をつける。中南米原産で、やや寒さに弱く、関東南部以南の暖地向き。

月	1	2	3	4	5	6	7	8	9	10	11	12
植えつけ適期				■	■							
剪定適期							■	■				

キングサリ　　別名：ゴールデンチェーンフラワー

Laburnum anagyroides

●マメ科キングサリ属●落葉●ヨーロッパ中部〜南部●開花期：5月●B〜C●陽●誘引・下垂●アーチ

一般の樹木として扱われることが多いが、枝が細く長く伸びるので、アーチなどに枝を誘引して利用するとよく、ゴールデンチェーンフラワーの別名のように、鮮やかな黄金色の花房を無数に垂れ下げた姿は、すばらしい景観を演出でき一番の見どころ。枝下から見上げるような利用が効果的で、黄色い花のトンネルが楽しめる。
若木のうちはやや花つきは悪いが、成木になると樹冠が花で覆われた美しい姿が楽しめる。

園芸品種 ‘ボッシー’

月	1	2	3	4	5	6	7	8	9	10	11	12
植えつけ適期		■	■								■	
剪定適期		■				■						

コトネアスター　別名：シャリントウ

Cotoneaster cv.

●バラ科コトネアスター属●常緑●中国中〜西部、ヒマラヤ●開花期：５〜６月●Ａ〜Ｅ●陽〜半日陰●誘引・下垂●壁面（下垂）、フェンス（誘引）

秋になると実が赤く熟し、古い葉も赤く色づくので、秋らしい彩りが楽しめる。
欧米では改良されて50種を超える種や品種が利用されているが、日本ではベニシタンやオータムファイアー、レペンスなど這い性の品種を石積みやウォールなどの上から垂れ下げて壁面を覆うのに用いている。また、低いフェンスや垣根などに枝を誘引して利用してもおもしろい。

月	1	2	3	4	5	6	7	8	9	10	11	12
植えつけ適期				■					■			
剪定適期		■	■									

オータム ファイアー

コトネアスター・ダメリ

ベニシタン

コバノランタナ

Lantana montevidensis

●クマツヅラ科ランタナ属●常緑●ブラジル●開花期：６〜11月●Ｄ〜Ｅ●陽●誘引・下垂●壁面（下垂）、フェンス（誘引）

壁の上部に植えて利用すると垂直に長く垂れて壁面を覆う。基本種は紫色の花をつけるが白花の品種もあり、混植すると花色のコントラストが楽しめる。やや寒がるので関東南部以南の暖地向き。

月	1	2	3	4	5	6	7	8	9	10	11	12
植えつけ適期				■	■							
剪定適期			■	■								

サネカズラ　別名：ビナンカズラ

Kadsura japonica

●マツブサ科サネカズラ属●常緑●日本（関東以西）、中国、台湾●開花期：8月、果実期：11月●C〜E●半日陰〜陽●巻きつき登攀●フェンス・アーチ、棚

光沢のあるやや大きめの葉が密についてフェンスなどを覆うので遮蔽効果が高く、狭い空間の仕切り壁のなどにも利用できる。また、生長は比較的速く長く伸びるので、広めのフェンスにも向いている。

基本種の葉は緑色だが、黄色の外斑や白い散斑の品種も知られており、カラーリーフプランツとして利用してもおもしろい。

夏に咲く花は黄白色の可愛い花で、葉隠れに咲くのであまり目立たないが、、11月頃に鮮やかに赤く熟す集合果はよく目立つ。雌雄異株または同株なので、実を楽しむには雌木と雄木を対で植えるとよい。

別名のビナンカズラ（美男葛）は、かつて樹皮を水の中で揉んで粘液を採取し、整髪に使ったことからの名前で、このほうがよく知られている。

本来、関東以西の常緑広葉樹林の林縁などに生育しているため、厳しい寒さに合うと葉が赤く色づいたり、落葉したりすることがある。

月	1	2	3	4	5	6	7	8	9	10	11	12
植えつけ適期			■						■			
剪定適期			■									

寒さで赤みをおびた葉

サンパラソル

Mandevilla 'Sun Parasol'

●キョウチクトウ科マンデビラ属●常緑●園芸品種（中央アメリカ〜アルゼンチン）●開花期：6 〜 10月●Ｅ●陽〜半日陰●巻きつき登攀●フェンス・アーチ、棚

巻きつるで這い上がり、夏の暑さに負けず赤やピンク、白などの鮮やかな花を次から次とつけるので長く楽しめる。熱帯性の植物なので、無霜地帯以外は鉢植えで楽しんで、冬は切りつめて屋内で管理。

月	1	2	3	4	5	6	7	8	9	10	11	12
植えつけ適期												
剪定適期			（伸びすぎたら適宜）									

ジュニペルス

Juniperus cv.

●ヒノキ科ビャクシン属●常緑●園芸品種●Ａ〜Ｄ●陽●誘引・下垂●壁面（下垂）、フェンス（誘引）

海岸などに見られるハイネズやハイビャクシンの仲間の総称。本書では地面を這って広がる這性の種類や品種を対象としている。枝を長く伸ばすので石積みやウォールなどの壁の上から垂れ下げたり、低い垣根などに誘引したりして利用するとよい。

種や品種によって緑色、青緑色、銀青色、黄色など葉色が豊富で、枝の垂れ下がる角度も異なるので、場所の条件や好みによって選択し利用するとよい。

月	1	2	3	4	5	6	7	8	9	10	11	12
植えつけ適期												
剪定適期												

ジュニペルス　'ブルー　パシフィック'

ジュニペルス　'ウィルトニー'

ジュニペルス　'マザー　ローデ'

スイカズラ　　別名：ニンドウ、キンギンカ

Lonicera japonica

●スイカズラ科スイカズラ属 ●常緑 ●日本（北海道南部以南）、朝鮮半島、中国、台湾 ●開花期：5〜6月 ●B〜E ●陽〜半日陰 ●巻きつき登攀 ●フェンス・アーチ、棚

里山の雑木林の林縁などによく見られ、晩春から初夏にかけて咲く香り高い花が観賞ポイント。名前は子どもたちが花をちぎって蜜を吸って遊んだことから名づけられたもの。

花つきがよく、花は葉腋に2個ずつつき、開いたときは白色だが次第に黄色を帯びてくるため、白と黄色の花が混じって咲いているように見えることからキンギンカ（金銀花）とも呼ばれる。葉は暖地では常緑だが、寒冷地では落葉して冬を耐える。

つるは生長が速く、長く伸びるので広いフェンスの緑化に向いているが、アーチや棚に這わせて仕立ててもよく、壁の上から垂らしてもよい。

海外では、スイカズラ（ロニセラ）の仲間をハニーサックルと総称して利用しており、日本でもおなじみの赤い花をつけるツキヌキニンドウ、紫紅色と橙黄色の複色花をつけるロニセラ 'ヘックロッティ' をはじめ、黄花やオレンジ花など多くの種や品種があって、庭園の彩りとして人気が高い。

月	1	2	3	4	5	6	7	8	9	10	11	12
植えつけ適期												
剪定適期												

ツキヌキニンドウ

ロニセラ 'ヘックロッティ'

ツルアジサイ　　別名：ゴトウヅル

Hydrangea petiolaris

●アジサイ科アジサイ属●落葉●日本全国、南千島、サハリン、朝鮮半島南部●開花期：5～6月●A～C●半日陰～陽●吸着登攀●壁面、フェンス（誘引）。アーチ、棚

つるから吸着根を伸ばして樹木の幹や岩肌などに這い上がる性質があり、よく伸びるので石積みやウォール、建物などの広い壁面の緑化に利用できる。ただし、生育地は山間部の沢沿いの林内などが多く、空中湿度の高い場所を好むので、都市の強い日差しや高温乾燥では葉が痛むので植栽には注意が必要。アジサイの仲間で、花はガクアジサイ型。イワガラミに似ているが花の周囲を囲む装飾花（萼片）は3～4枚で、比較的早く落ちることが多い。

月	1	2	3	4	5	6	7	8	9	10	11	12
植えつけ適期		■	■									
剪定適期	■	■										

ツルウメモドキ

Celastrus orbiculatus

●ニシキギ科ツルウメモドキ属●落葉●日本全土、朝鮮半島、中国●果実期：11～12月●A～D●陽～半日陰●巻きつき登攀●フェンス・アーチ、棚

割れて赤橙色の仮種皮に包まれた種子が顔を出した可愛い実と、黄葉との取り合わせが秋の深まりを感じさせる。実は葉が落ちた後も長く残るので、今年伸びた枝を残しながら、実のついた枝を切り取り、お正月用の花材やリースなどに用いてもよい。
巻つるをからめて這い上がり、生長も速いので広いフェンスやアーチ、棚などに用いられることが多く、野性味のある姿が楽しめる。
雌雄異株なので、実を楽しむには雌木と雄木をセットにして植えるとよい。

月	1	2	3	4	5	6	7	8	9	10	11	12
植えつけ適期		■	■									
	■										■	■

ツルハナナス　別名：ソケイモドキ

Solanum jasminoides

●ナス科ナス属●常緑●南アメリカ●開花期：5～10月●D
～E●陽●誘引・登攀●フェンス（誘引）・アーチ、棚

白や淡紫色の星型の可愛い花が、夏から秋にかけて
株を覆うように咲き続ける姿が一番の魅力。
長く伸びた枝がフェンスやほかの植物などにゆるくか
らんで伸びていくので、適宜誘引・結束するとよい。

月	1	2	3	4	5	6	7	8	9	10	11	12
植えつけ適期				■	■							
剪定適期			■					■	■			

ツルマサキ

Euonymus fortunei

●ニシキギ科ニシキギ属●常緑●日本全土、朝鮮半島、中
国●果実期：10～11月●A～E●陽～半日陰●吸着登攀、
誘引、下垂●壁面

基本種は、つるから吸着根を伸ばして這い上がり、株
が成熟すると成形枝を水平に伸ばして茂る。石積みや
ウォールなどの緑化に向いており、垂直な壁にも這い
上がり、吸着根でがっちりと着生するので、堅牢な被
覆状態をつくる。
幼若枝や白や黄色の斑の入ったカラフルな葉色の品種
は、地面を這う性質が強いので、壁の上側などから垂
らして利用するとよい。

ツルマサキ ʻエメラルドゥン ゴールドʼ

月	1	2	3	4	5	6	7	8	9	10	11	12
植えつけ適期			■	■					■	■		
剪定適期							■					

ツルマサキ ʻコロラータスʼ

ツルマサキ ʻエメラルド ガエティʼ

テイカカズラ　別名：マサキノカズラ

Trachelospermum asiaticum

●キョウチクトウ科テイカカズラ属●常緑●日本（本州以西）、朝鮮半島●開花期：5～6月●C～E●陽～半日陰●巻きつき、吸着登攀・下垂●壁面（登攀・下垂）、フェンス（登攀）・アーチ、棚

光沢のある葉は小さく、密につくので上品な被覆となり、花は小さな風車のような形でたくさんつき、香りもよく観賞価値が高い。

幼若枝は地面を這う性質が強いので、壁の上部などに植えて垂れ下げ壁面を覆うのに用い、成熟枝は巻きつると吸着根で登攀し、巻きつるはフェンスなどの被覆に、吸着根は石積みやウォールなどの垂直な面の被覆に利用するとよい。

なお、狭いフェンスから広い壁面まで利用が可能で、日陰から日向まで生育し、耐潮性もあるので臨海部でも利用できるなど、多様な利用が可能な万能なつる植物として知られている。

種類としては、テイカカズラ、ケテイカカズラ、トウキョウチクトウの3種とそれらの園芸品種が流通しており、ケテイカカズラの園芸品種のハツユキカズラ、ニシキテイカ、オウゴンニシキなどの斑入品種は這う性質が強いので、グラウンドカバーとして利用するほか、壁の上部などに植えて垂れ下げたり、フェンスなどに誘引して利用するとよい。

月	1	2	3	4	5	6	7	8	9	10	11	12
植えつけ適期			■	■					■	■		
剪定適期			■	■		■	■		■	■		

トウキョウチクトウ

ケテイカカズラ 'ハツユキカズラ'

ケテイカカズラ 'ニシキテイカ'

ケテイカカズラ 'オウゴンニシキ'

トケイソウ

Passiflora caerulea

●トケイソウ科トケイソウ属●常緑●ペルー、ブラジル●開花期：5〜9月●D〜E●陽●巻きひげ登攀●フェンス・アーチ、棚

形が時計の文字盤を思わせることから名づけられた観賞価値の高い花が魅力。巻きひげをからめて這い上がるので、フェンスなどの被覆に向いている。暖地では常緑だが寒い地方では葉を落とす。

月	1	2	3	4	5	6	7	8	9	10	11	12
植えつけ適期				■	■							
剪定適期			■									

ナツヅタ　別名：ツタ

Parthenocissus tricuspidata

●ブドウ科ツタ属●落葉●日本全土、朝鮮半島、中国●観葉期：11月（紅葉）●A〜D●陽〜半日陰●吸着登攀●壁面

つる植物としては最も美しい紅葉が楽しめる種類の一つ。樹木や岩肌などを覆って日本の秋を演出する。巻きひげの先端の吸盤で吸着し、その後吸着根を伸ばしてしっかりと吸着するので、石積みやウォールなどの垂直な壁面でも容易に緑化する。生長が速くよく伸びるので広い面積の壁面の被覆も可能。
同じ仲間にヘンリーヅタがあり、同じような利用が可能で、近年人気が高い。

月	1	2	3	4	5	6	7	8	9	10	11	12
植えつけ適期		■	■									
剪定適期		■	■									

ヘンリーヅタの紅葉

ヘンリーヅタ

ナツフジ　　別名：ドヨウフジ

Millettia japonica

●マメ科ナツフジ属●落葉●日本（関東以西）、朝鮮半島南部●開花期：7〜8月●D〜E●陽●巻きつき登攀●フェンス・アーチ

名前が示すように、夏に白いフジに似た小型の花房を垂れ下げる。葉も小さめでさわやかな景観となる。つるは針金のように細く、巻きついて伸びていくので、フェンスなどの立面での利用も可能だが、垂れ下がった美しい花房を楽しむには、アーチや棚で利用すると効果的。
根元から勢いのよい新しいつるが伸び出すことがあるので、見かけたら切除するか、被覆の少ない場所へ誘引・結束するとよい。

月	1	2	3	4	5	6	7	8	9	10	11	12
植えつけ適期				■					■			
剪定適期		■	■					■	■			

ナツユキカズラ

Polygonum aubertii

●タデ科タデ属●落葉●中国西部〜チベット●開花期：7〜8月●B〜E●陽〜半日陰●巻きつき登攀●フェンス・アーチ、棚

夏に純白の小さな花が株を覆うように密に花開いた姿が観賞ポイント。遠目には降り積もった雪を思わせることから名前がついた。彩りとしては淡いピンクの花をつける品種のピンク　フラミンゴと混植すると変化があっておもしろい。
つるは細く、巻きついてどこまでも上っていく特性があり、5階建ての窓辺くらいまでも届く生長を示す。フェンスやアーチ、棚などでの利用が一般的だが、広大なウォールでもつるがからむための補助資材を設置すれば利用は可能。

月	1	2	3	4	5	6	7	8	9	10	11	12
植えつけ適期				■								
剪定適期		■	■									

ノウゼンカズラ

Campsis grandiflora

●ノウゼンカズラ科ノウゼンカズラ属●落葉●中国中〜南部●開花期：7〜9月●B〜E●陽●吸着登攀●壁面、フェンス（誘引）・アーチ、棚

古くから夏の花木として親しまれてきたつる植物で、一般には木などにからませて利用することが多く、地方の名家の庭などに、花で覆われた古色蒼然とした大株を見ることが多い。

つるや吸着根で這い上がるので壁面やフェンス、アーチ、棚などでの利用が可能だが、年月が経つと幹が太くなってきつく締めつけるようになるので、フェンスやアーチはしっかりした構造のものを用いる必要がある。

近年はアメリカノウゼンとの交雑種が多くつくられ、鮮やかな花色と花つきのよい品種の'マダムガレン'や、アメリカノウゼンカズラの黄花や赤花などの品種が植えられ、夏空に彩りを添えている。

開花期は長く、7月から9月頃まで楽しめるが、より長く楽しむには、一番花が1ヶ月ほど咲き続けて花が少なくなってきたら、葉を3〜4対つけた位置で切りつめると、残った枝から新しい開花枝が伸びて、花数は一番花ほど多くはないが、再び美しい花が楽しめる。

月	1	2	3	4	5	6	7	8	9	10	11	12
植えつけ適期												
剪定適期												

ノウゼンカズラ'マダム ガレン'

アメリカノウゼンカズラ

アメリカノウゼンカズラ黄花

ノブドウ

Ampelopsis brevipedunculata var. *heterophylla*

●ブドウ科ノブドウ属●落葉●日本全土●果実期：9〜11月●A〜E●陽●巻きひげ登攀●フェンス・アーチ、棚

花は小さく目立たないが、秋に熟す実が一番の見どころ。はじめは白色でその後紫色を帯び、最後は空色になって、美しい3色の実が同時に観賞できる。ただし、実の色には個体差があり、最後まで白いままの個体もあり、それもまたおもしろい。
植えられているのを見ることは少ないが、巻きひげをほかのものにからめて這い上がるので、フェンスやアーチなどへ利用するとよく、葉はやや大きくつるも粗いので野性味のある被覆となる。

月	1	2	3	4	5	6	7	8	9	10	11	12
植えつけ適期		■	■									
剪定適期		■	■									

ハーデンベルギア　　別名：ヒトツバマメ

Hardenbergia violacea

●マメ科ハーデンベルギア属●常緑●オーストラリア●開花期：3〜5月●D〜E●陽〜半日陰●誘引・登攀●フェンス・アーチ、棚

葉腋から花穂を伸ばし、紫色の小さな花をたくさんつけた姿が観賞ポイント。一般的には春の花鉢として流通しており、花を楽しんだ後に地植えしたものが大きく育って花をつけた姿を見ることが多い。つるを長く伸ばすので誘引・結束してフェンスやアーチ、棚などに利用すると効果的。オーストラリア原産で、やや寒がるので関東南部以南の暖地向き。
葉が細長い1枚葉であることから、ヒトツバマメの名前で呼ばれることがある。

月	1	2	3	4	5	6	7	8	9	10	11	12
植えつけ適期				■								
剪定適期					■	■						

ハゴロモジャスミン

Jasminum polyanthum

● モクセイ科ソケイ属 ● 常緑 ● 中国南部 ● 開花期：4～5月 ● D～E ● 陽 ● 巻きつき登攀 ● フェンス・アーチ、棚

一つ一つの花は小さいが、花つきのよさが第一の観賞ポイント。また、花の香りが強く、一度にたくさん開くので、あたり一面強い香りで包まれる。
巻きつるで伸びていき、覆いつくすと伸びたつるが長く垂れ下がり、そのつるいっぱいに花をつける。フェンスやアーチ、棚に向く。寒さには比較的耐えるが、花芽が動き出してから遅霜に遭うとつぼみが枯れて、花が楽しめなくなるので、関東南部以南の暖地向き。

月	1	2	3	4	5	6	7	8	9	10	11	12
植えつけ適期												
剪定適期												

ビグノニア　別名：ツリガネカズラ、カレーカズラ

Bignonia capreolata

● ノウゼンカズラ科ビグノニア属 ● 常緑 ● 北アメリカ南部 ● 開花期：4～5月 ● D～E ● 陽～半日陰 ● 頂小葉の巻きひげ・吸着登攀 ● 壁面、フェンス・アーチ、棚

花の筒の部分が橙赤色で、開いた花弁が黄橙色の2色の色合いと、カレーカズラの別名のようにカレーの香りに例えられる独特の香りが魅力。
3出複葉の頂小葉は、先端が吸盤状に変化した巻きひげとなり、先端で吸着したりほかのものにからみついたりして這い上がり、その後吸着根を伸ばして吸着する。生長が速く密に覆い、10m以上も伸びるので、広いフェンスやアーチ、棚などに利用するとよい。なお、吸着力はやや弱いので垂直の壁面では補助資材を設置したい。

補助資材を利用した事例

月	1	2	3	4	5	6	7	8	9	10	11	12
植えつけ適期												
剪定適期												

ヒメノウゼンカズラ

Tecomaria capensis

●ノウゼンカズラ科テコマリア属●常緑●南アフリカ●開
花期：8～9月●D～E●陽●誘引・登攀●フェンス（誘引）・
アーチ、棚

夏から秋にかけて花開く紅橙色の鮮やかな小花が魅
力。つるはほかのものにゆるくからんで伸びていく
ので、誘引・結束するとよい。建物の南側の軒下な
ど霜や寒風を避けられる場所に植えるとよい。

月	1	2	3	4	5	6	7	8	9	10	11	12
植えつけ適期				■	■							
剪定適期				■	■							

基本種の花色は紅橙色だが黄色の品種もある

ピンクノウゼン

Podranea ricasoliana

●ノウゼンカズラ科ポドラネア属●常緑●南アフリカ●開
花期：7～9月●D～E●陽●誘引・登攀●フェンス（誘引）・
アーチ、棚

花はピンクのノウゼンカズラといった風情。夏から
秋につるの先端に香りのよい上品な花穂をつける。
壁面での利用では補助資材が必要。寒さに弱いので、
鉢植えか、露地では無霜地帯が無難。

月	1	2	3	4	5	6	7	8	9	10	11	12
植えつけ適期				■	■							
剪定適期			■	■								

ブーゲンビレア

Bougainvillea cv.

●オシロイバナ科ブーゲンビレア属●常緑●南アメリカ●
開花期：6～10月●D～E●陽●引っかけ登攀●フェンス・
アーチ、棚

熱帯を代表するつる性の花木で、鮮やかな花が夏か
ら秋にかけて長く楽しめる。枝についた刺を引っかけ
て這い上がるのでアーチや棚などに向いている。種類
や品種にもよるが軽い降霜程度であれば耐える。

月	1	2	3	4	5	6	7	8	9	10	11	12
植えつけ適期					■	■						
剪定適期							■	■				

フジ　別名：ノダフジ

Wisteria floribunda

●マメ科フジ属●落葉●日本（本州以西）●開花期：4〜5月●B〜D●陽●巻きつき登攀●棚、アーチ

長い花房を無数に垂れ下げ、春の盛りを演出する姿が一番の魅力。古くから愛され親しまれ観賞されてきたので、全国各地に大木・古木の名木が知られており、花時は多くの花見客でにぎわう。

基本種は2種類で、フジは北海道を除く日本全国に広く分布し、花房が長く元から先のほうへだんだんと咲き進み、ヤマフジは近畿地方以西に分布し、花房は短くいっせいに花開く。いずれも日本固有の花木で、花の色の変わりものや八重咲き、香りのよい品種などがあり、広く栽培されている。

巻きつるで這い上がり、生長が速く長く伸び、強靭で、自然界では巻きつかれた樹木は締めつけられて枯れてしまうこともある。利用は藤棚やアーチが一般的で、強靭なつるの締めつけに耐えるようにしっかりした材料でつくられていることが必要。ネットフェンスなどは変形してしまうこともある。

月	1	2	3	4	5	6	7	8	9	10	11	12
植えつけ適期												
剪定適期												

フジ 'ベニフジ'

ヤマフジ 'シロカピタン（白花美短）'

ブドウ

Vitis cv.

●ブドウ科ブドウ属●落葉●園芸品種●果実期：8 ～ 10月●A ～ D●陽●巻きひげ登攀●フェンス・アーチ、棚

人類史上もっとも古くから栽培されてきた果樹の一つで、紀元前4000年前にはすでに栽培されていたともいわれ、甘く香りのよい果実を楽しむために利用されてきた。つるは巻きひげで這い上がり、長く伸びて果穂を吊り下げるので、アーチや棚で利用するが、フェンスでの利用も可能。また、ベランダやガレージなどの透明な屋根の下に補助資材を設置して、日除けを兼ねて栽培してもおもしろい。

月	1	2	3	4	5	6	7	8	9	10	11	12
植えつけ適期												
剪定適期												

ブラックベリー

Rubus fruticosus

●バラ科キイチゴ属●落葉●アメリカ東部●果実期：7 ～ 9月●A ～ C●陽～半日陰●誘引・下垂●フェンス（誘引）

キイチゴの仲間で、黒く熟した酸味のある果実を楽しむ。果実のついた枝は枯れるので切除し、地際から新しく伸びる太く充実した枝をフェンスなどに誘引・結束し、翌年その枝につく果実を利用する。

月	1	2	3	4	5	6	7	8	9	10	11	12
植えつけ適期												
剪定適期												

ヘデラ　キヅタ　　別名：フユヅタ

Hedera rhombea

●ウコギ科キヅタ属●常緑●日本（北海道南部以南）●開花期：10 〜 11月●B 〜 E●陽〜日陰●吸着登攀、誘引・下垂●壁面（登攀・下垂）、フェンス（誘引）

日本に自生するヘデラ類の一種で、自然状態では樹木などに吸着根を伸ばして這い上がった姿を見かけることが多く、株が成熟すると水平に成形枝を伸ばし、花をつけるようになるので、落葉樹にからんだ姿を見るとまるで常緑樹かと見間違えることもある。

つるは幼若枝は地面を這うことが多く、樹木や壁面などに当たると吸着根を出して這い上がる。石積みやウォールなどの壁を上から垂れ下げて緑化する場合は幼若枝を用いるとよく、下から登らせて緑化する場合は、吸着根を出す成熟枝を用いるとよい。

月	1	2	3	4	5	6	7	8	9	10	11	12
植えつけ適期			■	■								
剪定適期							■	■				

ヘデラ・カナリエンシス　　別名：カナリーキヅタ

Hedera canariensis

●ウコギ科キヅタ属●常緑●カナリア諸島、マデイラ諸島、北アフリカ●C 〜 E●陽〜半日陰●誘引・下垂●壁面（下垂）、フェンス（誘引）・アーチ

一般的には地面を覆うために利用されるヘデラ類の一種で、葉が大きく、緑のボリュームは大きいが被覆は粗い。オカメヅタと呼ばれることもある。

つるは生長が速く長く伸びるので、石積みやウォールなどの壁の上部に植栽して、垂れ下げるようにして利用すると効果的。フェンスやアーチなどへは誘引・結束して利用する。

葉に白い斑の入った園芸品種があり、寒さで斑が赤みを帯びるので、冬の彩りとしても趣がある。

月	1	2	3	4	5	6	7	8	9	10	11	12
植えつけ適期				■	■							
剪定適期							■	■				

斑入り品種

ヘデラ・コルシカ　別名：コルシカキヅタ

Hedera colchica

●ウコギ科キヅタ属●常緑●小アジア、イラン、コーカサス●C～E●陽～半日陰●吸着登攀●壁面、フェンス（誘引）・アーチ

ヘデラ・カナリエンシスほどではないが、葉は大きく、緑のボリュームが出やすい。つるから吸着根を伸ばして壁を這い上がるので、石積みやウォールなどの垂直な壁の被覆も可能。

葉は肉厚で丸みがあり、緑色の基本種以外に、ヘデラの中ではもっとも美しいといわれる葉の外側に白い斑が広く入った品種や、葉の内側に黄色い斑の入った品種なども生産されている。

黄中斑品種

月	1	2	3	4	5	6	7	8	9	10	11	12
植えつけ適期				■	■							
剪定適期							■	■				

ヘデラ・ヘリックス　別名：アイビー、セイヨウキヅタ

Hedera helix

●ウコギ科キヅタ属●常緑●ヨーロッパ、北アフリカ、アジア、カナリア諸島●B～E●陽～半日陰●吸着登攀、誘引・下垂●壁面（登攀・下垂）、フェンス（誘引）

ヘデラの仲間では、葉は比較的小さくよく繁り、密な被覆状態をつくり出すので広く利用されている。基本種の葉は緑色で三角形や五角形だが、色や形、斑入など変化が多く、性質も地面を覆うのに向いた品種や吸着根を伸ばして壁を這い上がる品種など多くの品種がある。石積みやウォールなどの垂直な壁に垂れ下げたり、登攀させたりして利用するほか、誘引・結束することによってフェンスなどの被覆も可能で、いろいろな場面で多様な利用ができる。

月	1	2	3	4	5	6	7	8	9	10	11	12
植えつけ適期				■	■							
剪定適期							■	■				

マタタビ

Actinidia polygama

●マタタビ科マタタビ属 ●落葉 ●日本全土 ●開花期：6～7月、果実期：10～11月 ●A～C ●陽～半日陰 ●巻きつき登攀 ●棚、フェンス・アーチ

薬草として古くから知られ、疲れた旅人がこの実を食べてまた旅を続けたことからの名前と言われている。雌雄異株で、実を楽しむには雌木と雄木を植える必要がある。同じ仲間にキウイやミヤママタタビなどがあり、同様に利用できる。

花は初夏に咲き、同じ頃に枝の上部につく葉は、表面が白く色づき、観賞価値が高い。アーチや棚での利用に向いている。

月	1	2	3	4	5	6	7	8	9	10	11	12
植えつけ適期												
剪定適期												

ミヤママタタビ（白い模様が赤みを帯びて美しい）

ミヤギノハギ

Lespedeza thunbergii

●マメ科ハギ属 ●落葉 ●園芸品種 ●開花期：8～10月 ●B～D ●陽 ●誘引・下垂 ●壁面（下垂）、フェンス（誘引）・アーチ

ひと夏で3m近く伸びる枝が特徴で、萩のトンネルをつくるのに利用されることが多い。枝先に紫色の花をたくさんつけた姿が見どころ。石積みやウォールなどの上部から垂れ下げると効果的。

月	1	2	3	4	5	6	7	8	9	10	11	12
植えつけ適期												
剪定適期												

ムベ　別名：トキワアケビ

Stauntonia hexaphylla

●アケビ科ムベ属●常緑●日本（関東以西）、朝鮮半島南部、台湾、中国●開花期：4〜5月、果実期：10〜11月●D〜E●陽〜半日陰●巻きつき登攀●棚、フェンス・アーチ

春の花と秋のアケビによく似た果実が観賞ポイント。果実はアケビと違って熟しても割れないが同じように食べられる。なお、常緑であることからトキワアケビと呼ばれることもある。

巻きつるで這い上がって伸び、生長が速く長く伸びるので、広いフェンスや垣根に利用するほか、垂れ下がった実を観賞するためにアーチや棚などに利用すると効果的。なお、補助資材を用いれば垂直の壁を被覆することも可能。

月	1	2	3	4	5	6	7	8	9	10	11	12
植えつけ適期				■	■							
剪定適期			■									

リュウキュウアサガオ　別名：ノアサガオ

Ipomoea indica

●ヒルガオ科アサガオ属●常緑●熱帯〜亜熱帯地域●開花期：6〜11月●D〜E●陽●：巻きつき登攀●フェンス・アーチ

巻きつるで這い上がり、生長が速く3階くらいまではひと夏で覆うことが可能なほど。夏の日差しを遮って室内を涼しく保ち、花も楽しめる緑のカーテンとして近年人気が高い。

寒さには弱いが多年草なので、つるが寒さで傷まないような南に面した暖かい場所では、暖かくなるとともに新しくつるを伸ばし、5月の末の頃から濃紫色の花を咲かせ始め、霜が降りる頃まで長く咲き続ける。

月	1	2	3	4	5	6	7	8	9	10	11	12
植えつけ適期				■	■							
剪定適期				（摘芯）	伸びすぎたら適宜							

ルリマツリ

Plumbago auriculata

●イソマツ科ルリマツリ属●常緑●南アフリカ●開花期：6〜11月●D〜E●陽●誘引・下垂●フェンス（誘引）

ブルーの小花を株いっぱいつけた姿が観賞ポイント。6月も半ばすぎて気温が高くなると新梢を伸ばして花をつけ始め、夏の暑さにも負けず、霜が降りる頃まで長く咲き続ける。

本来のつる植物とは異なり低木性の樹木で、株に勢いがあると細い枝を長く伸ばして茂るので、フェンスなどに誘引・結束して利用するとよい。ブルー以外に白花の品種もあり、明るい緑の葉と相まって、涼しげな景観が楽しめる。やや寒がるので、関東以南の暖地向き。

月	1	2	3	4	5	6	7	8	9	10	11	12
植えつけ適期				■	■							
剪定適期			■	■								

ローズマリー　別名：マンネンロウ

Rosmarinus officinalis

●シソ科ローズマリー属●常緑●地中海沿岸●開花期：11〜4月●C〜E●陽●誘引・下垂●壁面（下垂）

ハーブとして人気の高い薬用植物で、魚や肉料理の風味づけなどに利用する。花は小さくやや目立たないが、白、ピンク、ブルー、紫などの花色の品種があり、ガーデニング材料としてもよく使われる。

立ち性、半立ち性、這い性と生育型に違いがあり、つる植物として利用する場合は這い性種を用いる。石積みやウォールなどの上部に植栽すると、垂直に垂れ下がるので、壁面を覆うのに向いている。また、耐潮性があり臨海部の植栽にも利用できる。

月	1	2	3	4	5	6	7	8	9	10	11	12
植えつけ適期			■	■	■							
剪定適期					■	■						

ヘンリーヅタ／ナツヅタと同じヅタ属の別種で中国原産。名は1880年に発見したアイルランドの植物収集家にちなむ。葉は春の芽だしは赤く、やがて緑になり白い葉脈が目立つ。秋には赤く紅葉し人気がある。6月下旬（ナツヅタ→ P67）

Part4

つる植物栽培の基本

つるバラ 'スーパー エクセルサ'

つるバラ栽培の基本　村上 敏（京成バラ園芸）

つるバラ苗の選び方

　バラの苗は一年中ありますが、季節限定のものもありますので、種類と特徴を知っておくと役立ちます。

●4～6月に出回る新苗ポット植え

　出来立ての苗ですが、つるバラであれば初心者でも大丈夫です。まだ接ぎ木して間もないので、接いだところが剥がれないように丁寧に扱ってください。

●10～3月に出回る大苗ポット植え

　手のかからない大きさまで育てた苗ですが、運びやすいようにつるは切られています。枝の太さや枝の数は品種によってさまざまあるので、固く締まった枝が1本以上あるものを選びます。そのうえで、大きな花が咲く品種ほど太い枝の苗を選ぶとよいでしょう。

●通年出回る大苗鉢苗

　大苗を6～8号鉢に植えつけてあるものです。冬の苗選びは大苗ポット植えと変わりません。春から秋はなるべく枝葉の多く茂ったものを選びましょう。6号鉢では育ちませんから順次鉢の大きさを増して、10号以上で管理しましょう。

●確実に早く生長する長尺苗

　長く伸びたつるがついたままの6号鉢。専門店で購入できます。春までに買えば、初夏に花が楽しめます。確実に早く生長するので一番のおすすめです。

つるバラは植え込みにも構造物にからませたりもできる

新苗ポット植え

大苗ポット植え

大苗鉢苗

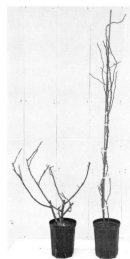

長尺苗（右）と3年生苗（左）

つるバラ苗を選ぶポイント

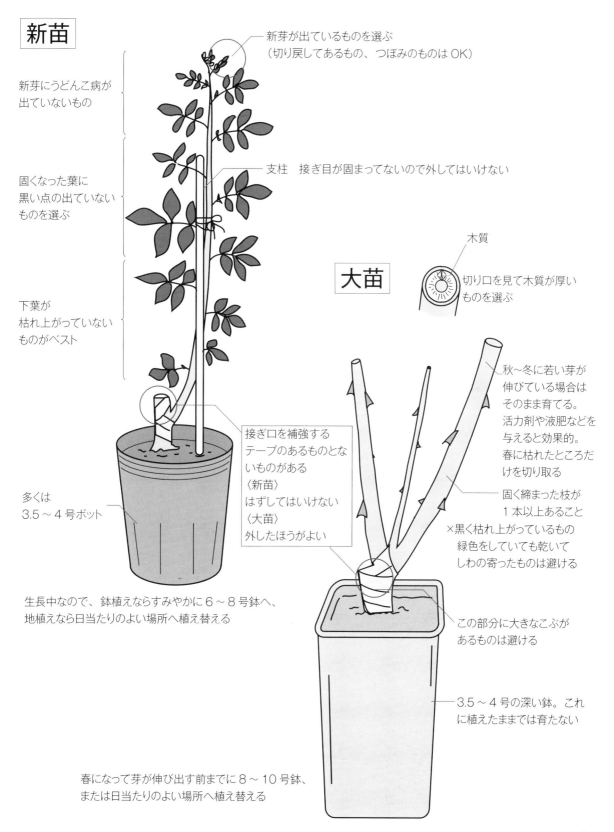

新苗

新芽にうどんこ病が
出ていないもの

固くなった葉に
黒い点の出ていない
ものを選ぶ

下葉が
枯れ上がっていない
ものがベスト

多くは
3.5〜4号ポット

新芽が出ているものを選ぶ
（切り戻してあるもの、つぼみのものはOK）

支柱　接ぎ目が固まってないので外してはいけない

大苗

木質

切り口を見て木質が厚い
ものを選ぶ

接ぎ口を補強する
テープのあるものとな
いものがある
〈新苗〉
はずしてはいけない
〈大苗〉
外したほうがよい

秋〜冬に若い芽が
伸びている場合は
そのまま育てる。
活力剤や液肥などを
与えると効果的。
春に枯れたところだ
けを切り取る

固く締まった枝が
1本以上あること
×黒く枯れ上がっているもの
緑色をしていても乾いて
しわの寄ったものは避ける

この部分に大きなこぶが
あるものは避ける

3.5〜4号の深い鉢。これ
に植えたままでは育たない

生長中なので、鉢植えならすみやかに6〜8号鉢へ、
地植えなら日当たりのよい場所へ植え替える

春になって芽が伸び出す前までに8〜10号鉢、
または日当たりのよい場所へ植え替える

つるバラ苗の植えつけ方

●苗を植えつけるポイント

　バラは株元や1mほどの高さの間で、次世代を担う枝が生えて更新生長する灌木です。灌木は多少深植えしても、自根を生やして生長できるので弱りません。深植えして接ぎ口を埋めることで生じるデメリットは、台芽がついた苗だった場合、処理がしにくいことです。

　台芽は優先して生長するので、接ぎ木された育てたいバラが育たない場合があり、最悪枯れてしまいます。台芽は見つけ次第、根先のほうに向かって剥がし取り根絶します。ここではさみを使うと根絶できず、永遠に台芽を切り続けることになります。ノイバラ台木の場合は、深植えしても台芽を誘発することはありません。

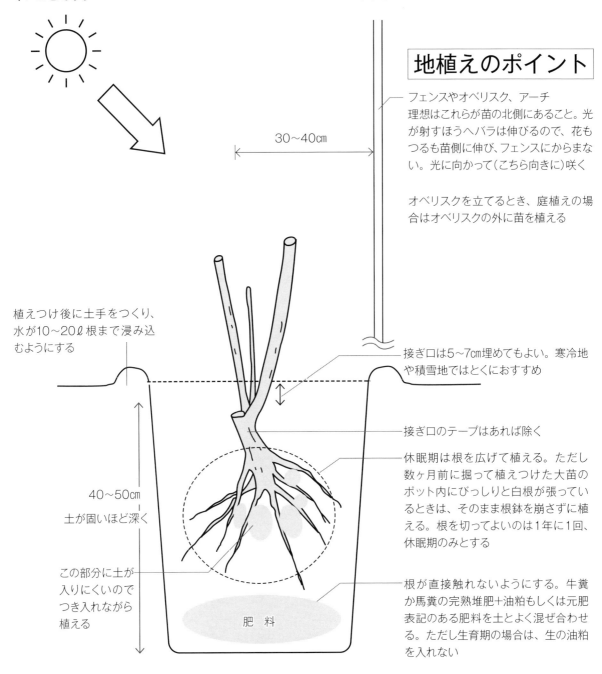

地植えのポイント

フェンスやオベリスク、アーチ
理想はこれらが苗の北側にあること。光が射すほうへバラは伸びるので、花もつるも苗側に伸び、フェンスにからまない。光に向かって(こちら向きに)咲く

オベリスクを立てるとき、庭植えの場合はオベリスクの外に苗を植える

30～40㎝

植えつけ後に土手をつくり、水が10～20ℓ根まで浸み込むようにする

接ぎ口は5～7㎝埋めてもよい。寒冷地や積雪地ではとくにおすすめ

接ぎ口のテープはあれば除く

休眠期は根を広げて植える。ただし数ヶ月前に掘って植えつけた大苗のポット内にびっしりと白根が張っているときは、そのまま根鉢を崩さずに植える。根を切ってよいのは1年に1回、休眠期のみとする

40～50㎝
土が固いほど深く

この部分に土が入りにくいのでつき入れながら植える

肥料

根が直接触れないようにする。牛糞か馬糞の完熟堆肥＋油粕もしくは元肥表記のある肥料を土とよく混ぜ合わせる。ただし生育期の場合は、生の油粕を入れない

●植え場所は日当たり風通しよく

　植え場所、鉢植えを管理する場所は、4〜10月の間に3時間以上日が射し、風通りのよい場所が理想です。つるバラは1日1時間でも咲きますが、日が当たるほどたくさん咲きます。土は水持ち水はけのよい土を庭植えでは育て、鉢植えなら購入します。バラ用の土であっても水はけが悪いと感じたら、赤玉土小粒を3割程混ぜて改良します。

　日が当たる場所でも、マンションのベランダなど夏の西日が壁に反射して前後から焼かれる場所は、

たくさんの植物をおいて冷やすか、寒冷紗での日除けが必要です。また家の北側であっても、夏は日が北寄りから上って沈むので、意外と明るいものです。つるバラは広く光を受け止めるので咲いてくれます。

　春以降、何度も咲くバラほど生長が遅くなるので、木を早く大きくするために、初めの1年はつぼみを見つけ次第、小さいうちに摘み取るようにしてください。このひと手間で格段に早く大きくすることができます。

鉢植えのポイント

ここでは新苗を例にした。大苗も同じオベリスクを立てるとき、鉢植えの場合はオベリスクの中央に苗を植える

必ず支柱を立てる。
1.8mほどあると安心

つるは暴れないように、
順次まめに支柱に固定する

新苗はテープを外さない

生育期は根鉢を
崩さない

ウォータースペースを3cmほど取り、
水がよく浸み込むようにする

用土はバラ用の培養土を使う。水はけが
悪い場合は赤玉土小粒を3割程混ぜて
植え替える

肥料は基本的に混ぜないが、元肥と表
記されていれば土と混ぜてよい

よい土を使えば、鉢底石は基本的に不要。
必要なときは
・14〜15号以上の大鉢
・鉢穴が小指の先ほどしかない外国鉢

材質は何でもよい
鉢の大きさの目安
・新苗6〜8号
・大苗8〜10号

・底の平たいものは避ける
・穴があれば鉢底網でふさぐ

つるバラの誘引と剪定

●芽吹く前に早めに行う

　誘引と剪定は、芽吹く時期の2ヶ月前までにすませ
ておきます。関東地方であれば12〜2月ですが、太い
枝の品種は厳冬期になると硬くなって曲げにくくなるの
で、早めに誘引しておきます。またモッコウバラの花芽
は早くふくらむので、初冬に誘引しておくと花芽を折る
ことがありません。

●つるの切り戻しは7〜8月までに

　春に一回だけ咲くバラは秋に充実した枝に花芽をつ
けます。つるを切り戻すなら7〜8月までにすませてお
き（寒冷地を除く）、秋にいい枝が伸びているようにし
ましょう。

　どのバラも品種ごとに、花がどれくらいの太さの枝に
咲いたか見ておくと、冬に切り戻すときのよい目安とな
ります。

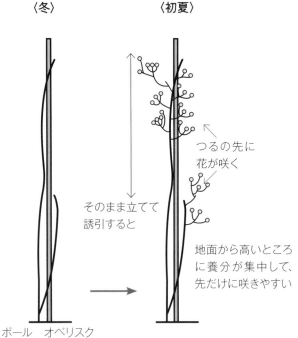

〈冬〉　　　　〈初夏〉

つるの先に
花が咲く

そのまま立てて
誘引すると

ポール　オベリスク

地面から高いところ
に養分が集中して、
先だけに咲きやすい

つるバラの誘引

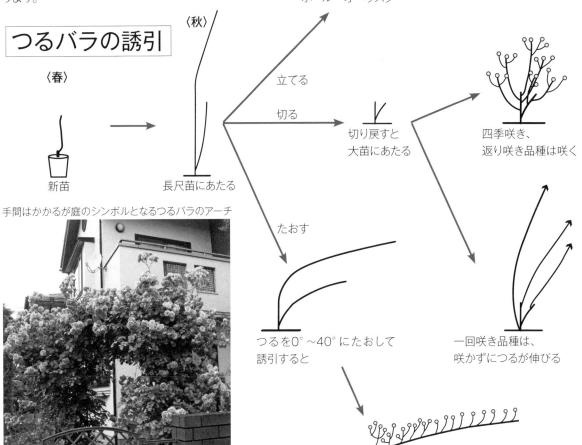

〈秋〉

〈春〉

新苗

長尺苗にあたる

立てる

切る

切り戻すと
大苗にあたる

四季咲き、
返り咲き品種は咲く

たおす

つるを0°〜40°にたおして
誘引すると

一回咲き品種は、
咲かずにつるが伸びる

地面から高いところが多いので多
くの芽が動き、均等に花が咲く
つるの元1/3〜1/5は咲きにくい

手間はかかるが庭のシンボルとなるつるバラのアーチ

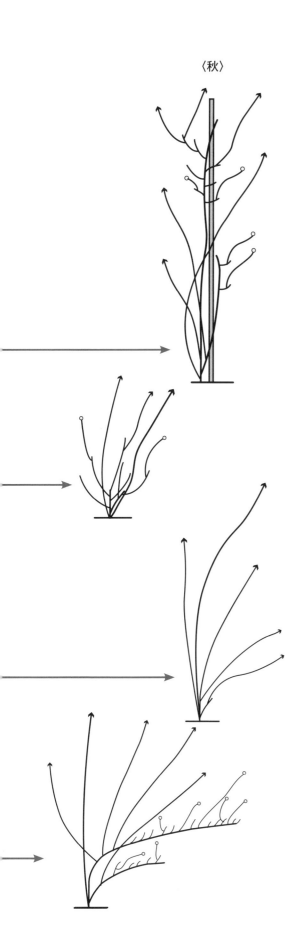

〈秋〉

ポール仕立てのレオナルド ダ ビンチ

おもな病気と害虫

●おもな病気

生育中は毎日1回、以下のポイントをおさえて見てあげましょう。

うどんこ病／春と秋の温暖な時期、若い葉に発生して白い粉をかけたようになる。

黒星病／とくに5月以降、葉に黒い斑点が出て落葉する。

さび病／夏から秋にかけて、枝葉にオレンジ色の粒々ができる。

根頭癌腫病／根や接ぎ木部分に大きなこぶができる。

●おもな害虫

新しい芽や葉の害虫／アブラムシ、イモムシ類、バラゾウムシ（芽先3cmくらいがしおれる）

固まってきた葉の害虫／ヨトウムシ類（初期に葉がステンドグラス状に透ける）、ハダニ（微小なクモの仲間で葉の汁を吸う）

つぼみの害虫／バラゾウムシ（黒い点がたくさんついてしおれる）、オオタバコガ（イモムシがつぼみに頭を入れて食べる）、ホソオビアシブトクチバ（昼は枝そっくりで夜に食害）

根の害虫／コガネムシの幼虫（元気な白い根が食害される）

枝の害虫／カミキリムシの幼虫（地際の枝の中からおがくず状の糞が出ている）

クレマチス栽培の基本 及川洋磨（及川フラグリーン）

クレマチス苗の選び方

　「苗半作（なえはんさく）」といわれます。よい苗ほどよい結果が得られやすいといった意味です。信頼のおける生産者や園芸店で苗を購入しましょう。

●なるべく大株を選ぶ

　クレマチスの購入は、クレマチスの品ぞろえが豊富な園芸店がおすすめです。クレマチスに詳しいスタッフが品種の特徴をしっかりと説明できる店なら、苗の管理もしっかりしています。珍しい品種や面白い品種が購入できるかもしれません。苗はほぼ一年中購入できますが、園芸店やホームセンターに苗がよく出回るのは、2〜6月と9〜11月です。

　苗を入手する際は、多少高価でも2年生以上がおすすめです。とくに庭園素材として咲かせるには、年数を経て大きく育った株が有利です。日当たりが悪い、土壌が適さないなど、条件が悪い場所ほど大きな苗にします。小さい株は環境に負けて枯れやすくなります。

　1年生苗は、そのままでは苗が幼すぎて庭植えできません。鉢栽培で1年以上管理して大きくなってから行います。ただし、初心者がきちんとした管理をするのは難しいので、ある程度クレマチス栽培を経験した人向けの苗です。

●枝の伸びる長さをチェックして品種を選ぶ

　つる性のクレマチスを楽しむには、花の色、形だけでなく、枝の伸びる長さをチェックすることが大切になります。鉢植えするか庭植えするかなどの楽しみ方に合わせて、枝の長さを考慮した品種選びをしたいものです。

　基本的には、鉢植えはコンパクトに楽しみたいので、枝の長さがほどほどのものを、庭植えはおおらかに楽しみたいので、枝の生長がよいものを選びます。

　なお、庭植えの場合は、品種特性を把握するために、いきなり庭に植えるのではなく、いったん鉢植えにして育て、花の咲き方を確認してから、庭に植えるのもおすすめです。

1年生苗

2年生苗

クレマチス苗の植えつけ方

植えつけ、植え替えはとても大切な作業です。クレマチスをきれいに咲かせるための第一歩なので、丁寧に行いましょう。

●植えつけ、植え替えの時期

9〜11月、3〜5月が適期です。暑さが厳しい時期や土が凍るような寒い時期には行いません。

●庭植えのポイント

直根性のクレマチスは植えつけてから時間が経つと移植が大変になるので、植えつけ場所を慎重に選びます。1日4〜5時間ほど日が当たるような場所が適しています。ただし、株元には直射日光が当たらないようにすると、地温上昇や過度の乾燥を防ぐことができ、生育が良好になるので、マルチング（チップなどで覆う）などで対策しましょう。また、強風が当たらない場所を選ぶと、葉の痛みが少なくなりきれいな状態を維持できます。

日当たりが悪いと、花が咲かない、枝が細いなどの生育不良の原因になることがあります。ただし、まわりにバラや樹木などがあるような、明るめの半日陰のような場所でもクレマチスを育てることはできます。株の充実に時間はかかりますが、ゆっくりとその環境に慣れ咲くようになりますので、気長に楽しんでください。

●鉢植えのポイント

よい培養土を使用し、元の鉢やポットより一回り大きな底の深いタイプの鉢に、深植えにして植えつけます。

クレマチスは根づまりを起こすと生育障害が出て花が咲かなくなるので、少なくとも2年に1回は植え替えます。鉢底から根がはみ出していたら植え替えのサインです。植え替える際に根がびっしり張っていたら、多少根が切れてもよいので、根鉢を叩いたりほぐしたりして、できるだけ古い土を落とします。バケツに水を入れ、そこに株を浸け込んで洗うようにして土を落とすのもおすすめです。

植え替えを繰り返し、10号鉢などある程度のサイズ以上に大きくできない場合は、同じサイズのまま土だけを新しくします。鉢を再利用する場合はよく洗ってください。古い土をできるだけ落とし、極力新しい土を入れるようにすると健全な生育が期待できます。

庭植え／水持ちを意識する土づくりが大切 **鉢植え／水はけを意識する土づくりが大切**

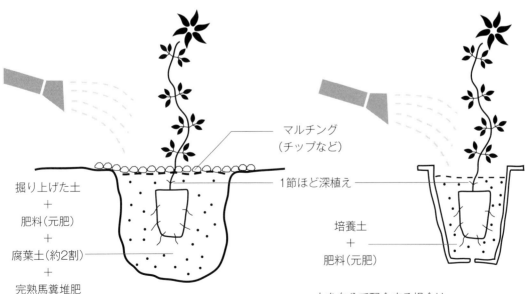

マルチング（チップなど）

掘り上げた土
＋
肥料（元肥）
＋
腐葉土（約2割）
＋
完熟馬糞堆肥（約2割）

1節ほど深植え

培養土
＋
肥料（元肥）

土を自分で配合する場合は、
赤玉土（小〜中粒）：腐葉土：鹿沼土＝4：3：3

●株の充実まで3～4年かかる

　苗を植えてから株が充実してきちんと花を咲かせるまでに、3～4年かかります。特に日当りが悪いと時間がかかります。いずれにせよクレマチスは時間をかけ、その環境に慣れさせながら、じっくりと育てることが大切になります。

●誘引資材選び

　適切なサイズの資材を選ぶと、枝の伸びていくスペースを充分に確保でき誘引が楽になります。なお、狭い場所ではオベリスクが使いやすく、誘引もしやすいのでおすすめです。

before　植えたて

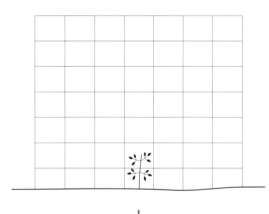

after　3～4年後

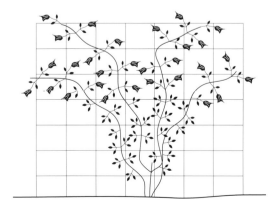

庭植えは高さ150～200㎝のオベリスクなどを使用。

鉢植えは高さ70～100㎝のオベリスクなどを使用。

クレマチスの剪定

●剪定はおおまかで大丈夫

　クレマチスの剪定は観察ポイントをおさえれば簡単に行うことができます。系統や品種などで個別に分けて行うものと難しく考えず、思い切って切ることが大事です。

●春先の剪定

　春の剪定は、枯れ枝を整理し、新枝が伸びたときの姿をきれいに保つために行います。枯れ枝をそのままにしておくと病気の元になります。

　剪定のタイミングは2〜3月の、節々の芽の動きが確認できる頃です。枝の先端から下に向かって、節々の芽を確認し、丸くふくらんでいる芽を残すよう、動きのない部分を剪定します。

　結果的には、弱めに切ることになる種類、強めに切ることになる種類とに分かれます。

●花後の剪定

　花後の剪定を行う目的はふたつあります。ひとつ目は、2番花が咲きやすくなること。ふたつ目は、新しい枝が伸びることで梅雨以降に発生しやすい葉枯れが目立ちにくくなることです。

　また、一季咲きのモンタナ系などは、株の老化や枝の茂り過ぎを予防できる効果があります。

　剪定のタイミングは、花後できるだけ早く行うこと。早ければ早いほど、新しい枝が伸びる期間が長く取れるという利点があります。

　やり方は系統、品種、大きさに関係なく、株全体の半分くらいで剪定します。

　せっかく伸びた枝だからもったいないといって、花後の剪定ができないという方も多いようですが、この剪定をすることで、返り咲き性のある品種は2番花を楽しめたり、株が更新されたりと大きなメリットがあります。ぜひ思い切って切りましょう。

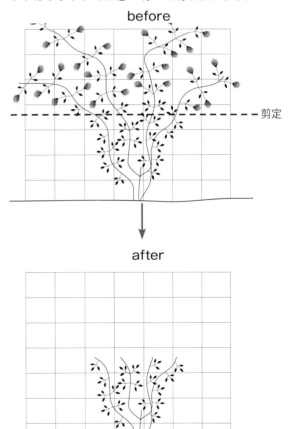

before

剪定
ふくらんだ芽

after

before

剪定

after

クレマチスの誘引

●恐れずに誘引を行う

誘引の一番のポイントは、花が咲くまでに伸びてからまった枝同士をほどくことにあります。枝が折れるのを恐れず、思い切って触ること。クレマチスを育てるのにはいろいろな作業がありますが、雰囲気よく咲かせるためには誘引が一番大事になります。肥料や剪定をしっかりやって花がしっかり咲いても、枝同士がからまったままですとせっかくの咲き姿がよくなりません。

●枝のからまりをほどくには

ポイントはつぼみが見え始め、ある程度枝が硬くなってから触ること。それまでは、あえてからませておいてください。

作業する途中で枝が折れても、切れなければ大丈夫なので、思い切って触りましょう。手ごわいからまりをほどく方法は、葉柄（葉と茎のつけね）を切ること。多少葉が落ちても気にしないで大丈夫です。

●誘引の仕方

枝同士が1ヶ所にからまったまま咲くと、クレマチスらしい軽やかな雰囲気が出ないので、それをほどき、花を咲かせたい位置に枝を配ります。例えばフェンスを利用していて、全体にバランスよく花を咲かせたい場合は、からまっている枝をほどき、左から右まで枝を全体に配ります。

枝の配り方に正解はありません。基本的にはオベリスクやフェンスなど利用している誘引資材に合わせて、咲かせたい位置につぼみのついた枝を持っていくことがポイントです。1回ではうまくいかなくても、徐々にできるようになりますので、その過程も楽しみながらやりましょう。

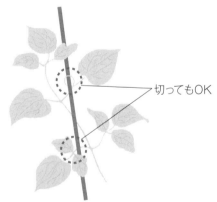

切ってもOK

ある程度枝が硬くなったら思い切って触ろう

before　　枝が一箇所にからまっている

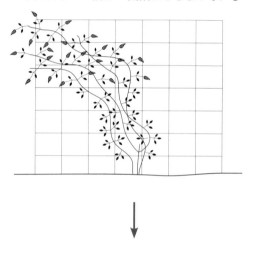

after　　全体に配る

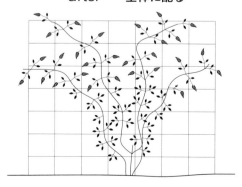

クレマチスの日常の管理

育て方の基本を誤ると、どんな植物もうまく育ちません。クレマチスはなにもしなくても開花しますが、ちょっとしたコツでより豊かに花が咲きます。

●日当りが大切

クレマチスは少なくても1日4～5時間、日が当たる場所で育てると健全な生育をします。日当たりが悪いと、花が咲かない、枝が細いなどの生育不良になることがあります。ただし、半日陰でも時間をかけながら株がその環境に慣れていきますので、育てることは可能です。

バラや樹木などがあり、半日陰気味の場所に植える場合は、株の充実に時間がかかると思って、気長に育てましょう。その際は株づくりのため、定期的に肥料や堆肥を施し、しっかりと土づくりをしながら育ててください。またまわりの植物の剪定を行い、少しでも光を確保したいものです。

●日当たりの悪い場所での花後の剪定

半日陰の場合、花後の剪定は、まわりの植物に埋もれないよう、少し高めの位置で行ってください。剪定後に残った枝に充分な光が当たらないと次の枝が出にくかったり、弱い枝になったりします。

少し高い位置での剪定

●水やり─庭植えは乾燥に注意

芽出しから開花にいたるまでの最も生長が著しい3月から梅雨前の時期の乾燥には注意が必要です。定期的に雨が降るようであれば必要ありませんが、2週間くらい雨が降らなければしっかりと水をかけてください。乾燥防止に株元にチップなどを敷きつめるマルチングが効果的です。マルチングは地温上昇抑制にも効果的なのでおすすめです。

●水やり─鉢植えは過湿に注意

鉢植えは土の表面が白っぽく乾いたときに、鉢底から水が出るまでたっぷり与えます。水やりは朝が基本です。生長著しい春先から夏の生育期は水を欲しがるので、水切れに気をつけます。あくまで乾き具合を見ながらですが、春から秋は1日1回、冬は1～2週間に1回を目安に与えます。

鉢植えを枯らす場合、生育期に水のやり過ぎが原因で過湿にするか、冬にまったく水やりせずに乾燥させるかが多いようです。

●肥料の与え方

庭植え、鉢植えに応じて、しっかり肥料を与えると健全に枝が伸び、よく花が咲くようになります。

●庭植えは植え込み時に元肥をしっかりやる

植え込み時にしっかりと元肥を施すことが重要です。また寒肥（12～2月頃）として、寒肥用ブレンドの肥料や油かすや骨粉などの有機肥料を与えます。同時に馬糞堆肥を与えると地力回復になります。なお、花後に剪定と同時に肥料を与えると、次の枝の伸びが良好になり2番花にもつながります。

●鉢植えは定期的な施肥が大事

庭植えよりも地力低下が著しいので、定期的な施肥が大事になります。できればゆっくりと効いていく有機質系の肥料を使ってください。植えつけ時の元肥はもちろんですが、春、花後、寒肥のタイミングで年3回は与えます。

●病害虫対策

クレマチスはバラに比べると病害虫の心配があまりない植物ですが、育てる環境や種類によっては発生します。病害虫の予防として、病害虫の温床となる枯れ葉や枯れ枝は気づいたら廃棄し、剪定誘引では適度に間引いて日当たり、風通しを常によくしておくことが大切です。

病害虫が発生したら切除するか、適合する薬剤を散布します。早期発見、早期対処が基本です。

注意する病気	注意する害虫
・立ち枯れ病	・ダニ類
・赤渋病	・アブラムシ
・うどんこ病	・ネコブセンチュウ

クレマチス グッズカタログ

ナローオベリスク
（高さ180㎝×幅20㎝×奥行き12.8㎝）

オベリスクをできるだけ細くして、空間を制限すると、クレマチスの枝はその形に沿って素直にからまり、伸びていくだけになります。そのため、細かく誘引しなくても、自然とまとまっていて、それなりの見た目に仕上がります。もちろん、伸びすぎた枝など、少し手を加えるとよりよい姿になります。風雨にさらされてもさびない、亜鉛アルミ合金メッキ鉄線製。庭の緑になじみ、背景にスッと溶け込む透明感があります。

ＯＦＧオベリスク
（高さ180㎝×幅20㎝×奥行き20㎝）

できるだけ普通のオベリスクのような感じ、主張が強すぎず、周囲になじむような、でも、どことなく独特の雰囲気のあるバランス、そんなオベリスクです。クレマチスと相性のよいサイズ感になっています。そして、クレマチスなしで庭にあってもオブジェとしてもいい雰囲気を醸し出します。風雨にさらされてもさびない、亜鉛アルミ合金メッキ鉄線製。庭の緑になじみ、背景にスッと溶け込む透明感があります。

テラスフェンス
（高さ 152㎝×幅 50㎝×奥行き 40㎝）

鉢植えを置き、枝をからませるだけで、立体的にクレマチスを楽しめるフェンスです。「鉢植えしかできない」、「スペースが狭い」など限られた条件の人のためのフェンスです。組み立て不要、好きな場所に置くだけで OK です。風雨にさらされてもさびない、亜鉛アルミ合金メッキ鉄線製。庭の緑になじみ、背景にスッと溶け込む透明感があります。

うねうねオベリスク・ポットスタンド
（リング直径 150㎝×高さ 1,500㎝×下部△ 295㎝）

無垢材の鉄線がうねうねとしたオベリスクです。底の台の部分に、鉢植えのクレマチスを置いて使用します。オベリスクに置いた鉢が、地面や、ベランダのコンクリート面などに、直接触れることがなく、浮いているため、鉢底からの線虫の侵入を防いだり、地温上昇を防ぎます。鉢植えを健康に育てるために非常に機能的です。女性 1 人でも簡単に移動でき、すぐに模様替えができます。

誘引クリップ「小枝ささえ」

「クレマチスの誘引」＝ビニタイ（ビニールタイ）の常識を覆す、とても便利な、誘引クリップです。クリップをつまんで、支柱と、クレマチスの枝をはさむだけの、ワンタッチ簡単利用。ビニタイなどのように、支柱と枝をきつくしばりすぎることがなく、クリップと枝の間に適度な空間があるので、生長や位置のずれによって、枝を傷つけることがありません。枝に優しいクリップです。

つる植物の栽培法 若林芳樹（造園植物研究家）

植えるうえでの注意点

　つる植物を植えるうえで注意しなければならない点は、それぞれのつる植物の植えつけ適期を守って植えることです。

　最近の苗は鉢（ビニールポット）で生産されているものが多いので、かつてのように植えつけ時期を気にしなくてもよくなってきていますが、植えつけ後の気候が大切で、植物の生育期に合っていないと生育に悪影響が出て、健全な生育は望めません。

　温帯が原産のつる植物は、夏の酷暑期や冬の厳寒期を除けばあまり時期は問いませんが、熱帯や亜熱帯が原産のつる植物の場合は、サトザクラが散って充分気温が上がってから植えつけるようにすると安心です。また、寒さに向かう秋植えは、根が充分張る前に寒さが来てしまうので避けたほうが安全です。

　一般的な植えつけ適期は、常緑広葉樹、落葉広葉樹、針葉樹によって、それぞれ概ね決まっています。

●常緑広葉樹

　暖かい地域を原産地としている種類が多いので、冬の間は行えません。充分暖かくなって芽の伸びる前（3月上旬～4月上旬）や春に伸びた新梢の伸びが止まった時期（6月上旬～7月上旬）、寒さが来る前に根を張れる充分な余裕のある時期（9～10月上旬）が適期となります。

●落葉広葉樹

　比較的寒さに強い種類が多いので、秋から春までの間の葉が落ちて根の動きの緩慢な時期から芽の出る前の時期（10月中旬～4月上旬）に植えつけると、植え傷みが少なくてその後の生育が良好となります。ただし、寒さの厳しい地方や暖地性の苗は、凍結や冬の寒さにより生育障害を起こすので、厳寒期（12月下旬～2月上旬）は避けるようにします。

常緑広葉樹（ブーゲンビレア）

落葉広葉樹（アケビ）

●針葉樹

　一般には 2 月下旬から 4 月下旬、9 月中旬から 10 月下旬が適期です。

　なお、根巻き物と呼ばれる畑から掘り上げた苗は、根を短く切られている場合が多いので、それに応じて枝葉も短く剪定して植えると安全です。

針葉樹（ジュニペルス 'ウイルトニー'）

苗の選び方

■苗の選び方

　苗を植えつける第一歩は、よい苗を入手することです。ポイントは次の通りです。

・信用のあるお店や植木屋さんから購入。
・特に品種物は名札のついているもの。
・鉢の崩れや固結、過乾燥などの障害がないもの。
・葉や枝に傷や傷み、変色などがないもの。
・つるのねじれによる折れなどのないもの。

×葉や枝が少ない
×傷みや変色がある
×ねじれによる折れ
◎健全なつる
病的なふくらみやこぶがある
×枯れそうな芽
×大きな切り傷がある
◎充実した所で切る
◎葉が多い。
◎若々しい元気な葉
◎新鮮な芽
◎名札
◎健全な根鉢
×鉢土の固結
（土が盛り上がっている）
（根が土から出ている）
（枯れた根が見える）
（指で押してみると固い）
×鉢穴から根が出ている

苗の植えつけ方

①植える場所の選定

　植えつけにあたっては場所決めも大切です。日当たりがよくてあまり強い風の当たらない場所を選んで植えるようにします。また、③排水性の確認に関係しますが、周りより低い場所は雨が降ると水が溜まりやすく、いつもジメジメすることが多いので生育不良となります。

　まわりよりやや高く雨水が溜まらない場所を選ぶか、全体的に土を盛って少し高くして植えるようにします。

②植え穴掘り

　鉢（ビニールポット）に入った苗の根鉢の1.5〜2倍程度の大きさの植え穴を掘ります。なお、植える場所の土が固く締まっている場合は、鉢の大きさにとらわれず、スコップなどで充分広く掘り返して軟らかくしておきます。そのとき石やコンクリートガラ、木の根などが混じっている場合は、できるだけ取り除き、土が痩せている場合は腐葉土などを混ぜておきます。

③排水性の確認

　掘った植え穴にバケツでたっぷり水を注ぎ、すぐにしみ込んでなくなるようであれば問題はありませんが、なかなか水が引かずいつまでも溜まっているような場合は生育に適しません。黒曜石パーライトなどの排水材を底に敷いて高く植えるようにしたり、植え穴の底から最寄りの桝まで排水管を埋めて、植え穴に水が溜まらないようにします。

④植えつけ

　植えつけにあたっては、根鉢の縁が周りの土の高さより少し高くなるように高さを決めて、良質な土を入れて植えつけます。そのときに根鉢と埋めた土がよくなじむように、たっぷりの水を加えながら棒でつついたりゆすったりして、根鉢と土の間に隙間ができないように注意します。

⑤水鉢の設置

　水が引いて落ち着いたら、植え穴の外周を少し高くして灌水した水が流れ出ないように水鉢をつくります。

⑥誘引・結束

　つる植物の苗は一般に自立できない場合が多いので、這わせるフェンスやアーチ、棚などに誘引・結束します。石積みやウォールのように結束できない場合などでは、竹などを沿わせてそれに結束し、つるが壁面に接するようにします。

⑦こまめな灌水

　植えつけた後は、根鉢の根がまわりの土にうまく伸びて根づくまでは、こまめな灌水が必要です。特に夏は乾燥しやすいので、葉がしおれるようであれば、早朝や夕方に時間をかけてたっぷり灌水します。

植えつけの手順

植え穴掘り。なるべく広く掘って土を軟らかくする。

土が痩せている場合は、腐葉土などを混ぜる。

根鉢の縁が周りの土より少し高くなるように位置決めをする。

鉢・プランターに植える

①準備

植えつける苗の根鉢が充分納まる、一回りほど大きい鉢やプランターと排水材（砂利や黒曜石パーライトなど）、培養土、緩効性肥料、鉢穴をふさぐ網、支柱などを用意します。

②排水層の確保

鉢植えでは限られた土で生長するため、こまめに灌水をする必要があり、いつも灌水するので土が締まって水が排水されにくくなります。また、根は鉢底に集まるので鉢底に水が溜まっていると生育不良となります。そのため鉢底に排水層を確保して余分な水は鉢の外に速やかに排水することが重要になります。

鉢底に排水をよくするための排水材を2～3cm入れて排水層を確保しますが、排水材は粒が大きいので、土の流出や害虫の侵入を防ぐため鉢穴を網でふさぎます。

③根鉢の高さ決め

苗を鉢やプランターに入れて、根鉢が縁より2～3cm低くなるように位置を決め（ウォータースペースの確保）、培養土を入れます。このとき必要に応じて緩効性肥料を根に触れないような位置に入れます。

④植えつけ

根鉢の位置決めができたら、残りの培養土を入れます。このとき根鉢と培養土がよくなじむように、割りばしなどの棒を使って培養土をていねいに突き込み、隙間ができないように注意します。なお、つるがからむように支柱を設置して、適宜、誘引・結束します。最後に親指を使って鉢の周囲の培養土を軽く押さえつけて安定させます。

⑤灌水

植え終わったら、鉢穴から水が流れ出るまでたっぷり灌水し、濁った水が出てこなくなるまで灌水します。なお、灌水にあたっては、じょうろのはす口を低くして、水の勢いで根鉢が動かないよう丁寧に作業します。

⑥養生

灌水した水が出なくなったら、風の当たらない明るい日陰に移し2～3日置いて落ちついたら、日当たりのよい場所に出して日向に慣らします。なお、枝葉が多すぎて日向に出すとしおれるようであれば、余分な枝葉を適宜切除するか、新しい根が伸びるまで、時間をかけて慣らしていくようにします。

たっぷりの水を加えて根鉢と土の間に隙間ができないように注意する。

水が引いて落ち着いたら水鉢をつくる。

支柱などでフェンスや棚などの柱に誘引・結束する。

つる植物の仕立て方

　つる植物の仕立て方は、壁やフェンスなどのような立面と、棚のような水平面とで異なります。

1）立面仕立て

　壁やフェンスのような立面では、苗を植えつけるときにつるを45度程度傾けて誘引・結束します。そうするとそれぞれの節から元気のよいつるが伸び出すので、適宜、誘引・結束すると、速く均一に覆うことができます。

　植えつけにあたっては、つるの先のほうは貧弱だったり、ねじれて傷んでいたり折れていたりする場合が多いので、充実した部分まで切り戻すようにします。そうすると勢いのよいつるが伸び出します。

　その後、つるの伸び具合を確認し、伸びが悪くて充分覆われていない部分が見られる場合は、まわりの勢いのよいつるを誘引・結束して伸ばすようにします。

①壁面緑化

・石積みやウォールなどの壁面を覆うには吸着根を伸ばして登攀する種類を用います。吸着根の吸着する力は種類によって異なりますが、壁の表面が平滑な壁より凸凹のあるような粗い仕上げのほうがよく、また、縦に化粧目地が入っていたり、レンガ積みだったりするとよく登攀します。

・巻きつるや巻きひげで登攀する種類は、一般的にはフェンス向きですが生長が速い種類が多いので、壁面を早期に被覆したい場合には、壁の表面につるがからみつくことができるような補助資材を設置すれば利用が可能です。ステンレスの格子板やワイヤーなどを張れば、それを支えに登攀して覆います。

・壁面に垂れ下げて利用する場合は、垂れ下がったつるが風に吹かれて揺れると、壁の上部の角の部分でこすれて樹皮が傷つき、生育不良となることがあります。角の部分を丸く滑らかに仕上げるか、クッションとなるようなものを挟んでこすれないように処理することが必要です。また、つるが風で大きく揺れないようにゆるく固定したり補助資材を用いたりするとうまく被覆します。

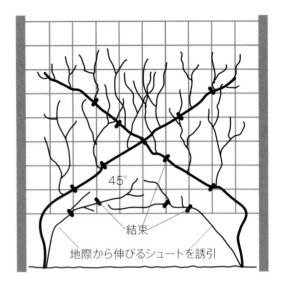

45°
結束
地際から伸びるシュートを誘引

補助資材の利用

補助資材の利用

②フェンス緑化

・フェンスを覆う場合は、巻きつるや巻きひげで登攀する種類を用います。巻きひげで登攀する種類はあまり問題になりませんが、巻きつるで登攀する種類を利用する場合は、フェンスの目の大きさと植つけるつる植物の葉の大きさには注意が必要です。フェンスの目の大きさより葉のほうが大きいとうまくからめないので、利用するつる植物の葉の大きさに合わせてフェンスの目の大きさを決めることが大切です

・フェンスでは、つるが長く伸びて、もたれかかって伸びるような種類を利用することも可能です。つるの伸びに従って適宜、誘引・結束すると、新しく伸びるつるや小枝がフェンスの目にからんで被覆するので楽しめます。

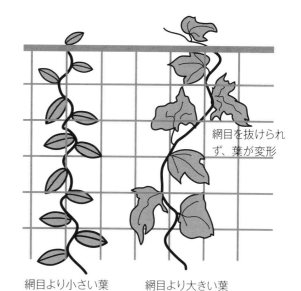

網目を抜けられず、葉が変形

網目より小さい葉　　　網目より大きい葉

2）棚仕立て

　藤棚やパーゴラ、アーチなどを覆う場合は、つるの長さが棚などの目的の高さまで充分届く長さのある、長尺仕立てと呼ばれる苗を購入して植えつけると速く覆うことができます。

　植えつけにあたっては、棚の高さまで届いたつるの先端を軽く切り戻して、勢いのよいつる（親づる）が出るようにします。最初に伸び出した勢いのよいつる（親づる）を棚の広がりに合わせて誘引・結束し、充分伸びたところで再度切り戻しを行い、子づるをたくさん出させて伸ばすようにすると、速く均一に覆うことができます。

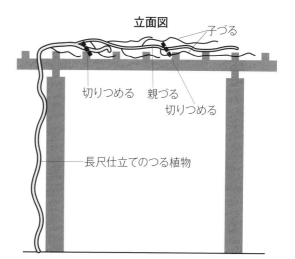

立面図

子づる
切りつめる　親づる
切りつめる
長尺仕立てのつる植物

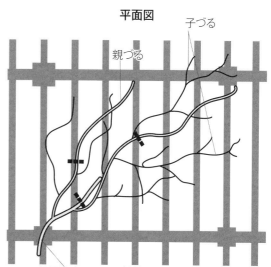

平面図

子づる
親づる
長尺仕立てのつる植物

シラフジ

剪定の時期と注意点

　つる植物は上方伸長性が強いので、剪定しないで放置すると上のほうが茂り過ぎて重くなります。そのため、目標とする高さまでつるが伸びた時点で切りつめを行い、全体が均一に覆われるようにします。なお、剪定にあたっては、剪定する時期と剪定する方法が重要です。

①剪定時期

　つる植物の多くは生育期間が長く、絶えず生長を続けるので茂り過ぎるようであれば、随時剪定をする必要があります。ただし、被覆が完成して花や実を楽しむ準備ができた場合には、開花時期に注意して剪定する必要があり、大きく次の2つのタイプに分けることができます。

・春から夏にかけて花をつける種類

　春から夏にかけて花をつける種類は、花が終わるとつるが伸びてそれに来年の花芽（つぼみ）がつき、年を越して花をつけます。

　花芽のつく位置に違いはあっても、ほとんどの種類は花が終わった後、なるべく早い時期に強めに剪定すると勢いのよいつるが伸び出し、つるが充実して花が楽しめます。

・夏から秋にかけて花をつける種類

　夏から秋にかけて花をつける種類は、熱帯や亜熱帯性の種類が多く、つるが伸びているうちは何度でも花をつけたり、花が終わった後に軽く剪定すると2度3度と開花を楽しめる種類などがあります。

　一般的には花後に花のついたつるを軽く切り戻したり、花のつかなかった弱いつるを切り取ったりして、寒さが来るまでの間につるの充実をはかると、翌春には勢いのよいつるが伸びて夏には立派な花が楽しめます。

ノウゼンカズラ

夏から秋にかけて花をつける種類

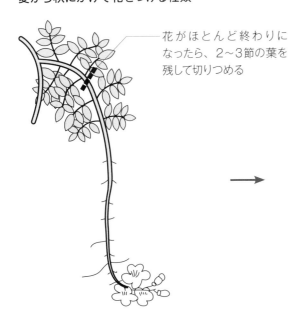

花がほとんど終わりになったら、2〜3節の葉を残して切りつめる

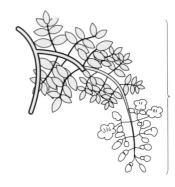

新しくつるが伸びて再び花が楽しめる

②剪定上の注意点

　つる植物を使って、均一で美しい被覆状態を早期に完成させるためには剪定は大切な作業です。

　以下のようなポイントに注意して剪定を行うと美しい姿や、花や実が楽しめます。

・親づるは早めに切りつめる

　一般的に最初に伸びてくる親づるは、頂芽優勢の特性があり単独で勢いよく伸びる傾向があります。そのまま伸ばしていると親づるばかり伸びてしまいつるの数が増えません。そのため、均一な被覆とならず、被覆にむらができてしまいます。親づるは先を見越して早めに切りつめ、裾の低い位置から子づるを伸ばし、つるをたくさん出すようにすると、被覆が速まります。

・枝数を増やす剪定を心がける

　株が若いと親づるなど主要なつるが勢いよく伸び続けます。花や実は勢いのよいつるにはつきにくい傾向があります。親づる同様、勢いのよいつるは早めに切りつめて、つるの数を増やし、花芽（つぼみ）がつきやすくすることが大切です。

・余分なつるは切除する

　一般的につる植物は上方伸長性が強く、放っておくとフェンスなど壁の上部ばかり茂ってしまいます。特に勢いの強いつるは上部に幾重にも重なって茂るため、内側のつるや弱いつるなどは枯れて見栄えが悪くなるばかりでなく、病害虫に侵されやすくなります。

　これらの害を防ぐためには、被覆している枝全体に光がよく当たり、風通しもよくなるように、勢いのよいつるは短く切りつめ、余分な枝や枯れ枝は切り取るように心掛けます。

　また、被覆が完成し安定した後でも、上部では勢いのよいつるが発生したり、地際では地面を這う勢いのよいつる（シュート）が発生したりする場合が見られます。勢いのよいつるが発生すると発生した位置より先の枝は、枝枯れを起こしたり花がつかなかったりする場合が多いので、見かけたら元の位置から早めに切り取るようにします。

親づるを切りつめなかった場合

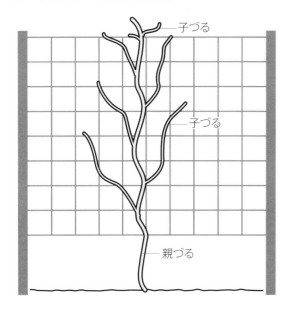

親づるを切りつめた場合

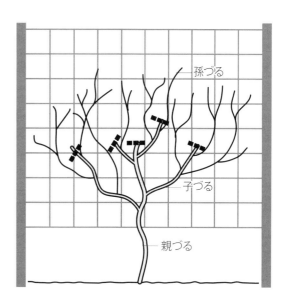

バラ＆クレマチス苗入手ガイド

【バラ専門店】

●京成バラ園
京成バラ園に併設された老舗のバラ専門店。ネット＆カタログ販売。
千葉県八千代市大和田新田755
TEL：047-450-4752（通販直通）
TEL：047-459-3347（ガーデンセンター）
http://www.keiseirose.co.jp/

●プランツ
500坪のローズガーデンに併設された苗販売店。ネット販売。
千葉県袖ケ浦市蔵波2887-1
TEL：0438-63-4008
http://www.seikouen-garden.co.jp/plants

●バラの家
日本人の嗜好に合ったバラ、ロサ オリエンティスを中心に育種・改良。ネット＆カタログ販売。
埼玉県北葛飾郡杉戸町堤根4425-1
TEL：0480-35-1187
http://www.baranoie.web.fc2.com

●篠宮バラ園
営業は4月中旬〜6月下旬まで。
東京都東久留米市南沢4-1-7
TEL：042-459-1155
http://shinomiya-rose.com/#

●ロザ ヴェール
コマツガーデンのバラ専売店。ネット＆カタログ販売。
山梨県中巨摩郡昭和町上河東1323-2
TEL：055-287-8758
http://www.komatsugarden.co.jp/

●村田ばら園 横浜本園
つるバラ、オールドローズ中心。おもにネット通販。
神奈川県横浜市青葉区奈良町2791-2
TEL：045-962-1199
http://www.muratabaraen.jp/

●姫野ばら園 八ヶ岳農場
オールドローズや歴史的名花を中心にネット販売。来園は要連絡。
長野県諏訪郡富士見町境9700
TEL：0266-61-8800
http://www.himenobaraen.jp/

●ザ・ローズショップ
ネット通販。直営店の営業は4月上旬〜6月下旬まで。
長野県埴科郡坂城町上五明396
TEL：0268-81-3246
http://www.naganorose.co.jp/

●ラヴィアンローズ
花フェスタ公園内にある苗木販売店。営業は4〜6月と10〜11月。
岐阜県可児市瀬田1584-1
TEL：0574-61-5039
http://www.hanafes.jp/hanafes/online

●大和バラ園
奈良県吉野郡下市町大字阿知賀2203
TEL：0747-52-3679
http://www.geocities.jp/akemikoubou/yamatobaraen/yamatobaraen.htm

●京阪園芸ガーデナーズ
バラ苗の生産販売、新品種も作出。ネット＆カタログ販売。
大阪府枚方市伊加賀寿町1-5
TEL：072-844-1781
http://www.keihan-engei.com/

●日本ばら園
自家生産苗をカタログ＆来園販売。
岡山県岡山市南区片岡1078
TEL：090-1333-0655
http://www2e.biglobe.ne.jp/~roselove/

●広島バラ園
ネット＆カタログ販売。
広島県廿日市市友田91-2
TEL：0829-74-0121
http://www.hirobara.b.la9.jp/

●相原バラ園
おもに芽接ぎ苗を生産。ネット＆カタログ販売。
愛媛県松山市竹原2-11-13
TEL：070-5512-2639
https://www.i-rose.net/

●ローズスタジオM＆T
ネット販売。
福岡県福岡市西区大字女原320-6
TEL：092-986-3404
http://www.rosestudio.net/

【クレマチス専門店】

●及川フラグリーン
クレマチスの育種生産から店売、ネット＆カタログ販売。
岩手県花巻市東和町砂子1-403
℡：0198-44-3024
http://www.ofg-web.com/

●クレマコーポレーション
静岡県駿東郡長泉町東野八分平270-17
℡：055-986-8778
http://www.clematis.co.jp/

●湘南クレマチス園
神奈川県藤沢市辻堂元町3-7-24
℡：0466-36-4635
http://www.shonan-clematis.co.jp/

●春日井園芸センター
岐阜県土岐市鶴里町柿野1709-69
℡：0572-52-2281
http://www.clematis-net.com/

【総合園芸店】（カタログまたはネット販売）

●雪印種苗園芸センター
バラ苗が充実。バラ見本園併設。
北海道札幌市厚別区上野幌1条5-1-6
℡：011-891-2803（温室店舗）
℡：011-896-7852（苗木売場）
http://www.snowseed-garden.jp/

●日本花卉ガーデンセンター
埼玉県川口市石神184
℡：048-296-2321
http://www.nihonkaki.com/

●改良園
埼玉県川口市神戸123
℡：048-296-1174
http://www.kairyoen.co.jp/

●サカタのタネ
東日本最大の種苗会社。
神奈川県横浜市都筑区仲町台2-7-1
℡：045-945-8800
http://www.sakataseed.co.jp/

●タキイ種苗
業界最大手。
京都府京都市下京区梅小路通猪熊東入南夷町180
℡：075-365-0123
http://www.takii.co.jp/

自家生産のクレマチス苗を直接見て選ぶことができる販売店。
2～3年生の4.5号苗が中心（及川フラグリーン）。

販売店に併設されたクレマチスの庭。さまざまな種類や仕立て方の株を見て
楽しむことができる（及川フラグリーン）。

●京都・洛西まつおえんげい
バラとクレマチスが豊富。
京都府京都市西京区大枝西長町3-70
℡：075-331-0358
http://www.matsuoengei.web.fc2.com

●陽春園
関西の老舗園芸店。
兵庫県宝塚市山本台1-6-33
℡：0797-88-2112
http://www.yoshunen.shop-pro.jp/

●国華園
大阪府和泉市善正町10
℡：0725-92-2737
http://www.kokkaen.co.jp/

バラ＆クレマチスの名園ガイド

【北海道】

●いわみざわ公園
4万平方mに630品種8800株のバラやハマナス。見頃6月下旬～7月中旬と9月中旬～10月中旬。
北海道岩見沢市志文町794
℡：0126-25-6111
http://www.iwamizawa-park.com/

●ローズガーデン ちっぷべつ
3000平方mにバラ300品種3000株。開園6月下旬～10月上旬。
北海道雨竜郡秩父別町3条東2丁目
℡：0164-33-2111（町役場）
http://www.town.chippubetsu.hokkaido.jp/

●雪印種苗園芸センター バラ見本園
バラ350品種1000株。見頃6月下旬～7月上旬。
北海道札幌市厚別区上野幌1条5-1-6
℡：011-896-7852（苗木売場）
http://www.snowseed-garden.jp/

【東北】

●花巻温泉バラ園
5000坪にバラ450品種6000株。見頃6月下旬～7月上旬と9月中旬～10月上旬。バラ苗木販売。中学生以上有料。
岩手県花巻市湯本1-125
℡：0198-37-2164
https://www.hanamakionsen.co.jp/rose/

●サンテミリオン バラ園
バラ650品種8000株。入園有料（バラ苗購入者は無料）。
岩手県紫波郡紫波町草刈字善前野72-2
℡：019-672-1977
http://happypoint.jp/saint-emilion/

●やくらいガーデン バラ園
バラ3500株を植栽。入園有料。
宮城県加美郡加美町字味ケ袋やくらい原1-9
℡：0229-67-7272
http://www.yakurai-garden.com/garden/

●双松バラ園
バラ340品種6000株。入園有料。
山形県南陽市宮内4396-2
℡：0238-40-3211（南陽市役所）
http://www.city.nanyo.yamagata.jp/kankomidokoro/641.html

京成バラ園　バラ1600品種1万株のローズガーデンに季節の花木や草花が楽しめる。

【関東】

●敷島公園ばら園
バラ600品種7000株。見頃5月中旬～6月上旬と10月中旬～11月上旬。
群馬県前橋市敷島町262
℡：027-232-2891

●筑波実験植物園
クレマチス園は日本屈指のコレクション。公開は5月上旬～6月上旬。入園有料。
茨城県つくば市天久保4-1-1
℡：029-851-5159
http://www.tbg.kahaku.go.jp/

●京成バラ園
日本のバラの聖地。見頃5月中旬～6月上旬と10月中旬～11月上旬。入園有料。
千葉県八千代市大和田新田755
℡：047-459-0106
http://www.keiseirose.co.jp/

●神代植物公園／バラ園
春バラ409品種5200株、秋バラ300品種5000株。見頃5月下旬と10月中旬から。入園有料。
東京都調布市深大寺元町5-31-10
℡：042-483-2300
https://www.tokyo-park.or.jp/park/format/index045.html

●横浜イングリッシュガーデン
1700品種2000株以上のバラを中心に花木や草花が楽しめる。入園有料。
神奈川県横浜市西区平沼町6-1
℡：045-326-3670
http://www.y-eg.jp

クレマチスの丘　美術館や文学館などの文化複合施設の庭に各系統のクレマチスが咲き続く。

●生田緑地ばら苑
旧向ヶ丘遊園地のバラ園を川崎市が引き継ぐ。春秋のバラ開花期に開園。530品種4700株。
神奈川県川崎市多摩区長尾2-8-1
TEL：044-978-5270
http://ikuta-rose.txt-nifty.com/

●県立フラワーセンター大船植物園／バラ園
バラ園は350品種1200株。入園有料。
神奈川県鎌倉市岡本1018
TEL：0467-46-2188
http://www.pref.kanagawa.jp/cnt/f598/

●相模原麻溝公園
クレマチス230品種8000株。5月上旬にクレマチスフェア開催（不定期）。
神奈川県相模原市南区麻溝台2317-1
TEL：042-777-3451

【信越・東海】

●クレマチスの丘
美術館や文学館など複合施設の庭。初夏を中心にさまざまなクレマチスが咲き競う。入園有料。
静岡県駿東郡長泉町東野クレマチスの丘347-1
TEL：055-989-8787
http://www.clematis-no-oka.co.jp/

●国営越後丘陵公園／バラ園
香りバラやオールドローズ、日本産のバラなどのエリアに分けて667品種2315株。見頃5月下旬～6月中旬と10月。入園有料。
新潟県長岡市宮元東方町三ツ又1950-1
TEL：0258-47-8001
http://echigo-park.jp/

【近畿】

●花フェスタ公園／バラ園
「花フェスタ'95ぎふ」会場を再整備した都市公園。80haにバラ7000品種3万株。見頃5月中旬～6月中旬と10月上旬～11月中旬。高校生以上入園有料。
岐阜県可児市瀬田1584-1
TEL：0574-63-7373
http://www.hanafes.jp/hanafes/guide

●ひらかたパーク ローズガーデン
600品種4000株。見頃は5月中旬～6月上旬と11月。入園有料。
大阪府枚方市枚方公園町1-1
TEL：072-844-3475
http://www.hirakatapark.co.jp/rosegarden/

●荒牧バラ園
1.7haに250品種1万株。見頃は5月中旬～6月中旬と10月中旬～11月中旬。
兵庫県伊丹市荒牧6-5
TEL：072-772-7696（みどりのプラザ）
http://www.city.itami.lg.jp/shokai/sansaku/1444347933845.html

【中国・四国・九州】

●RSKバラ園
450品種1万5000株。入園有料。
岡山県岡山市撫川北区1592-1
TEL：086-293-2121（山陽放送サービス）
http://www.rsk-baraen.co.jp/

●福山市ばら公園
バラ280品種5500株。
広島県福山市花園町1-6
TEL：084-928-1095（市役所公園緑地課）
http://www.fukuyama-kanko.com/

●広島市植物公園バラ園
1600平方mに570品種1300株。見頃は5月中旬～6月中旬と10月中旬～11月中旬。入園有料。
広島県広島市佐伯区倉重3-495
TEL：082-922-3600
http://www.hiroshima-bot.jp/ennai/rose/

●ハウステンボス
バラ2000品種120万本。さまざまなローズガーデンやバラ運河、迷路など。入園有料。
長崎県佐世保市ハウステンボス町1-1
TEL：0570-064-110
http://www.huistenbosch.co.jp/event/rose/

●かのやばら園
丘陵地8haに3万5000株のバラ。入園有料。
鹿児島県鹿屋市浜田町1250
TEL：0994-40-2170
http://www.baranomachi.jp/

五十音順 植物名索引

太い数字は図鑑ページ

協力一覧

写真撮影	関沢正憲、林 桂多（講談社写真部） 森 清（講談社写真部）、 山口隆司（講談社写真部）
写真提供	アスコット、アルスフォト企画 伊丹市役所公園課、植原直樹、及川洋磨 クレマチスの丘、花巻温泉株式会社 村上 敏

取材・撮影協力	雨宮美枝子、安城産業文化公園デンパーク アンディ&ウィリアムスボタニックガーデン 及川フラグリーン、小関葉子、音ノ葉 ガーデンカフェ グリーンローズ、鎌田様 京都洛西まつおえんげい、京成バラ園芸 小石川植物園、テラコッチャ（小手指） 渋谷園芸、バラの家 晴海トリトンスクエア、東品川海上公園 水沼高利、港の見える丘公園 八ヶ岳萌木の里 横浜イングリッシュガーデン、吉田様 ローゼズ・ウィズ・ブリーズ
図版作成	及川フラグリーン、アスコット
デザイン・装丁	高崎よしみ（アスコット）

執筆者プロフィール

つるバラ担当

村上 敏（むらかみ さとし）

京成バラ園ヘッドガーデナー。1967年東京都生まれ。玉川大学農学部卒業後、京成バラ園芸㈱に入社。バラの品種改良、卸、海外担当、通信販売などの部門を経て現在に至る。バラに関する幅広い知識と経験を生かし、愛好家に対して手軽なバラの栽培法をアドバイスすることに努めている。バラと草花の混植デザインを実践・研究中。著書『モダンローズ』（誠文堂新光社）

クレマチス担当

及川洋磨（おいかわ ようま）

1979年岩手県生まれ。東京農業大学造園科学科卒業後、実家のクレマチス専門ナーセリー、及川フラグリーンに勤務しながら、クレマチスのかんたんな育て方、楽しみ方を日々研究している。著書『クレマチスの咲く庭づくり』（講談社）、『四季の庭を彩る はじめてのクレマチス』（家の光協会）

つる植物担当

若林芳樹（わかばやし よしき）

1951年栃木県生まれ。国土建設学院卒業。造園設計を40年余り続け、とくに植物設計、植物調査を得意としている。植物に関する知識が深く、趣味をかねて造園植物などを栽培し、設計に反映させている。㈱アスコット代表取締役。著書（全て共著）『緑化樹木ガイドブック』（建設物価調査会）、『新樹種ガイドブック』（日本植木協会）、『新しい植木事典』（成美堂出版）、『香りを楽しむ庭木の本』（講談社）

つるバラとクレマチスをメインに使った つるで楽しむ素敵な庭

2018年3月15日　第1刷発行

講談社編

発行者　渡瀬昌彦
発行所　株式会社 講談社
　　　　〒112-8001　東京都文京区音羽2-12-21
販　売　TEL.03-5395-3606
業　務　TEL.03-5395-3615
編　集　株式会社講談社エディトリアル
　　　　代表　堺 公江
　　　　〒112-0013 東京都文京区音羽1-17-18 護国寺SIAビル
　　　　TEL.03-5319-2171
印刷所　凸版印刷株式会社
製本所　大口製本印刷株式会社

N.D.C.620 111p 26cm
©Kodansha 2018 Printed in Japan
ISBN978-4-06-220834-5